구원의 원리

구원의 원리

초판 1쇄 인쇄일 2020년 9월 29일
초판 1쇄 발행일 2020년 10월 5일

지은이 황의준
펴낸이 양옥매
디자인 임흥순 임진형
교 정 허우주

펴낸곳 도서출판 책과나무
출판등록 제2012-000376
주소 서울특별시 마포구 방울내로 79 이노빌딩 302호
대표전화 02.372.1537 팩스 02.372.1538
이메일 booknamu2007@naver.com
홈페이지 www.booknamu.com
ISBN 979-11-5776-942-1(03230)

이 도서의 국립중앙도서관 출판예정도서목록(CIP)은 서지정보유통지원시스템 홈페이지(http://seoji.nl.go.kr)와 국가자료종합목록시스템(http://www.nl.go.kr/kolisnet)에서 이용하실 수 있습니다. (CIP제어번호: CIP2020039497)

* 저작권법에 의해 보호를 받는 저작물이므로 저자와 출판사의 동의 없이 내용의
  일부를 인용하거나 발췌하는 것을 금합니다.
* 파손된 책은 구입처에서 교환해 드립니다.

구원의 원리

황의준 지음

책과나무

머리말

　에덴동산은 영원한 즐거움, 영원한 행복이 있었던 곳이었습니다. 그곳에 우리의 아버지가 계셔서 인간과 친밀한 교제를 나누었으며 그가 주신 참된 안식이 있었습니다. 그러나 인간의 범죄로 우리의 고향인 그 아름다운 에덴 낙원을 잃어버렸습니다. 또 애석한 것은 노아 홍수 때에 그 존재가 완전히 사라져 버린 것입니다.

　에덴 낙원은 인간의 영원한 꿈이요 이상적인 고향입니다. 인간은 본능적으로 그 에덴 낙원의 아련한 추억을 가지고 있습니다. 그렇기 때문에 인간은 이 에덴 낙원의 회복을 과거에서부터 지금까지 끊임없이 추구하고 노력하고 있습니다.
　앞으로도 그 일은 계속될 것입니다. 이상적인 국가 건설을 시도하고, 경제제도와 정치제도를 개선하고, 과학을 진보시켜 생활의 편리함을 얻고, 교육과 도덕을 강화시키고, 각종 종교적인 방법을 동원하여 그 회복을 꿈꾸고 있습니다. 그러나 그것은 영원히 이루지 못할 헛된 꿈에 불과합니다. 인간은 그 꿈을 이루기 위해서 처절히 노력하고 있지만 실패하였고 더 큰 고뇌와 고통을 당하고 있습니다.

그러나 낙원은 오직 예수 그리스도를 통해서만 회복될 수 있습니다. 예수님은 '내가 곧 길이요 진리요 생명'이라고 말씀하셨습니다(요14:6). 예수 그리스도 우리 주님은 우리의 영원한 고향인 에덴 낙원에 이르는 길이 되십니다. 우리는 길 되신 예수님을 통해서 그 에덴 낙원에 이르러 우리의 아버지 하나님과 기쁨의 교제를 회복할 수 있습니다. 우리는 잃어버린 에덴 낙원을 회복하여 그 영광과 기쁨을 찾는 위대한 여정을 가는 사람들입니다.

이 책 『구원의 원리』는 에덴 낙원을 간절히 사모하는 자에게 그 길을 안내하는 친절하고도 정확한 지도가 되어 줄 것이며 에덴에서 사는 즐거움과 행복을 가져다줄 것입니다.

본 교재는 제자 삼기 용으로 제작되었습니다. 제자를 삼아 양육하는 일은 교회의 질적·양적 성장에 매우 중요합니다. 창세기부터 계시록까지 하나님께서 우리를 구원하시는 과정과 방법을 쉽게 배우고 가르칠 수 있도록 쓰였습니다. 잘 활용하면 많은 도움이 될 것입니다.

지식이 없으면 망한다고 말씀하셨습니다(호4:6). 말씀에 대한 지식이 잘못되면 믿음이 잘못될 수 있으며 순종이 잘못될 수 있습니다. 예수님을 믿는다고는 하지만 구원을 받지 못할 위험이 있습니다(롬10:2-3, 마7:21-23). 그러므로 올바른 믿음과 순종을 통하여, 거듭나 받은 위대한 구원을 올바른 말씀의 지식을 바탕으로 잘 지키고 유지하는 성도들이 되어야 할 것입니다.

   구원의 원리가 성도들의 건실한 믿음을 갖는 데 도움이 되고 예수 그리스도의 십자가의 사랑과 은혜가 성도들의 마음속에서 더욱 높아지고 귀하게 여겨지기를 간절히 바랍니다.

2020년 9월
군산에서 황의준

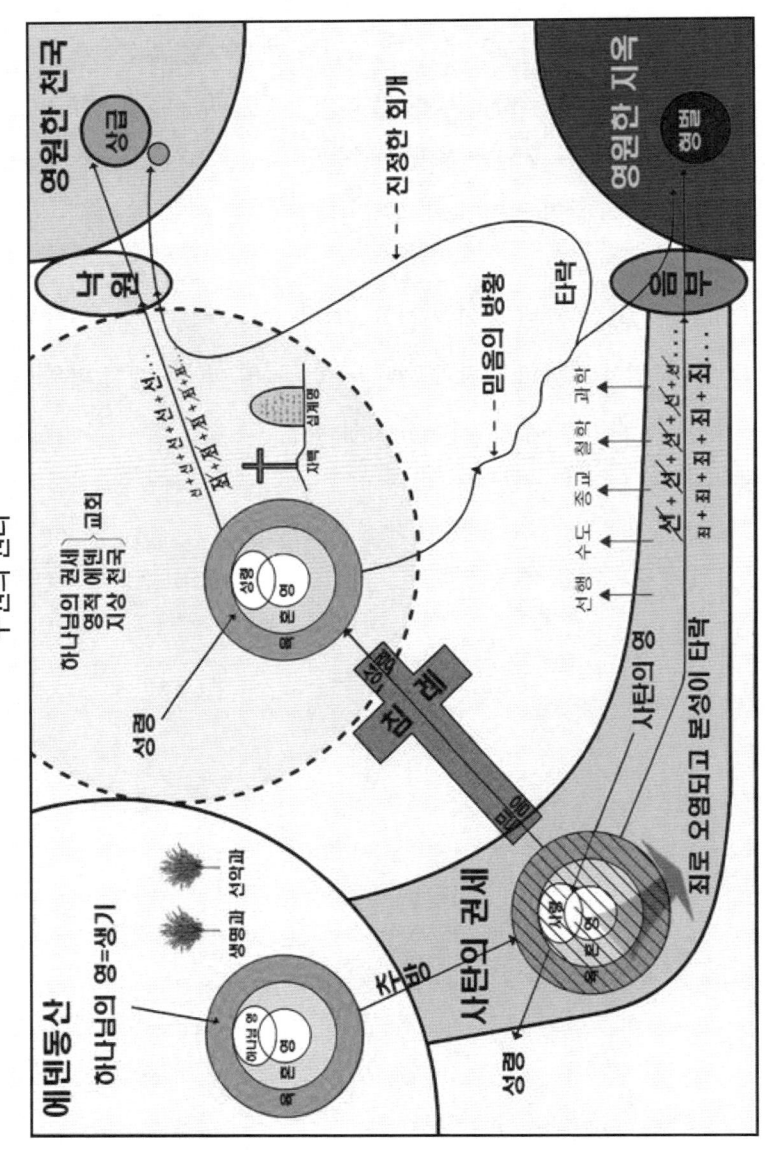

차례

| 머리말 ··· 5

제1편 개론

1. 창 조 ·················· 13
2. 타 락 ·················· 14
3. 회복의 계획 ·········· 15
4. 구원의 유지 ·········· 17
5. 예수 재림과 심판 ··· 18

제2편 본론

1. 창 조 ·················· 23
2. 타 락 ·················· 65
3. 회복의 계획 ········· 127
4. 구원의 유지 ········· 241
5. 예수 재림과 심판 ··· 275

제1편 개론

1. 창조

1. 하나님께서 천지 만물을 엿새 동안 창조하시고(창1:1, 히3:4), 여섯째 날에 사람을 하나님의 형상대로 만드셨습니다(창1:26, 27).
2. 인간은 육과 혼과 영으로 지음받았으며(살전5:23, 히4:12), 지음을 받던 때에 선하고 흠이 없었습니다(전7:29).
3. 인간은 하나님의 영광을 위해서 창조되었습니다(사43:7).
4. 하나님은 인간에게 놀라운 축복을 허락하셨습니다.
   첫째, 하나님의 영을 인간 안에 불어 넣으시고 거하게 하시어 인간이 영적으로 살게 하셨으며 하나님께서 인간과 친밀한 교제를 나눌 수 있게 하셨습니다(창2:7, 고전15:45, 요20:22). 둘째, 에덴 동산을 만드셔서 의식주의 염려가 없는 평안하고 행복한 삶을 누릴 수 있게 하셨습니다(창2:8-15).
   셋째, 영원히 살도록 허락되었습니다.
5. 그러나 한 가지 법을 주셨습니다. 즉「선악을 알게 하는 나무의 열매를 먹지 말라, 먹는 날에는 반드시 죽으리라」라는 법이었습니다. 이 명령만 지키면 영원한 행복을 누리며 살 수 있었습니다(창2:17).

2. 타락

1. 그러나 인간은 애석하게도 사탄의 유혹을 받아 선악과를 따 먹음으로 하나님의 명령을 어기고 말았습니다(창3:1-6).
2. 그 결과 다음과 같은 비참한 상황에 처하게 되었습니다.

　첫째, 에덴동산에서 추방되어 고통과 불안과 허무 속에서 살아갈 수밖에 없었습니다(창3:14-20, 욥14:1, 시90:10, 전1:2,13,14).

　둘째, 육과 혼과 영이 죄로 오염되고 본성이 심각하게 타락했으며 완전한 선을 행하여 구원을 얻을 수 있는 능력을 상실하고 말았습니다(렘17:9, 롬3:11,12).

　셋째, 하나님의 영이 죄인 안에 거하실 수 없으므로 떠나시고, 하나님과의 친밀한 교제가 단절되어 영적으로 죽게 되었습니다. 그리고 육도 서서히 죽게 되었습니다(엡2:1, 마8:21,22).

　넷째, 사탄의 영이 인간 안에 들어와 인간을 지배하게 됨으로 인간은 사탄의 권세 아래 놓이게 된 것입니다(행26:18, 엡2:1,2).

　다섯째, 최후로 죽은 후 심판을 받아 영원한 지옥의 형벌을 받아야 할 운명에 놓이게 되었으며(히9:27, 마25:41, 계21:8) 타락한 모든 인간은 누구도 이 저주스러운 운명에서 벗어날 수가 없습니다(롬3:23).

　여섯째, 인간은 이 저주스러운 운명에서 벗어나 구원을 얻기 위하여 선행, 수도, 종교, 철학, 과학 등의 여러 가지 방법으로 노력을 하고 있습니다. 그러나 인간의 어떠한 방법으로는 결코 자신을 구원할 수 없습니다.

그 이유를 간단히 종합하면 인간은 스스로 죄의 문제를 해결할 수 없고, 또 사령(邪靈)을 쫓아내고 성령을 모셔 들일 수가 없기 때문입니다.

3. 회복의 계획

1. 하나님은 사탄의 권세 아래서 죄로 인해 멸망받을 수밖에 없는 인간을 불쌍히 여기시고 사랑하셔서 최초의 인간처럼 회복하여 구원하실 계획을 세우셨습니다(살후1:8, 요3:16, 롬5:8, 요일4:9-10,19).
2. 그 회복의 계획이 바로 예수 그리스도의 십자가를 통한 죄 사함과 성령의 내주입니다. 이 두 가지가 구원의 핵심으로서 구약성경에서 줄기차게 예언되었으며, 신약은 그 실현을 보여주고 있습니다(고전1:18, 골1:20).
3. 하나님께서 이를 위해 하나님 자신이 육신으로 이 땅에 오셔서(요1:1, 14, 빌2:6-8, 롬9:5), 인간의 죄를 대신 지시고(요1:29, 고후5:21), 십자가에 달리시어 피 흘려 죽으시고(골1:20) 장사된 지 3일 만에 부활하셨습니다(롬4:24). 그분이 바로 예수 그리스도이십니다. 그리고 그를 믿는 자에게 값없이 은혜로 이 두 가지 문제를 해결할 수 있도록 하셨습니다(엡2:8, 롬3:24, 롬11:6).

제1편
개론

4. 그 방법이 바로 예수님께서 말씀하신 거듭남입니다. 거듭남이란 죄 사함의 침례이며(행2:38, 22:16, 8:16, 10:48, 19:5), 성령을 받아 방언을 말하는 것입니다(행2:1-4, 8:14-17, 10:44-48, 19:1-7).

   이 거듭남을 예수님은 '물과 성령으로 나는 것'이라고 했으며(요3:3-5), 바울 사도는 '중생의 씻음과 성령의 새롭게 하심'이라고 했습니다(딛3:5).

   침례를 받아 죄 사함을 얻으면 의롭다 칭함을 받으며 구원을 얻게 됩니다(막16:16, 롬6:6-7). 그리고 성령을 받게 되면 하나님의 영이 인간을 지배하는 사령을 내어 쫓으시고 인간 안에 내주하시게 됩니다(마12:28,29).

5. 거듭남으로써 이 두 가지 문제를 해결한 사람은 사탄의 권세에서 하나님의 권세로 들어와 영적으로 범죄하기 이전의 인간처럼 회복되어(행26:28, 골1:13), 엄청난 복된 신분의 변화를 받게 되며(고후5:17), 또한 복되고 풍성한 삶을 누리도록 하시고(요6:10, 렘29:11), 장차 죽게 되면 그 영혼이 낙원을 거쳐(눅23:43, 고후12:4), 영원한 천국에 들어갈 자격을 얻게 됩니다.

6. 이 하나님의 권세가 영적 에덴이며(겔36:25-27,35, 창2:8-25), 이 땅에 건설될 하나님의 나라이며(눅17:20,21, 마12:28, 4:17, 마13:11,24,31,33,34,36,44,45,47), 새 예루살렘이며(계21:9-22:5), 천년 왕국이며(계20:4-6), 교회입니다. 교회는 영적으로 영광스러운 장소입니다(엡5:27, 1:23, 3:10).

4. 구원의 유지

1. 성도는 거듭남으로 얻어진 의와 구원을 유지해야 합니다. 구원받는 것도 중요하지만 영원한 천국에 가기까지 구원을 유지하는 것은 더욱 중요합니다(빌2:12, 빌3:12-13, 마11:12, 고전9:27).
2. 구원을 유지하기 위해서는

    첫째, 영적 에덴인 교회를 떠나 믿음을 상실하면 안 됩니다. 왜냐하면 교회에서 개인의 구원이 이루어지기 때문입니다(요15:1-9, 벧전3:20).

    둘째, 생명의 성령의 법에 따라 살아야 합니다. 생명의 성령의 법이란 '십계명을 굳게 세우고(롬3:31) 지키기 위하여 힘써야 하며(요일5:3, 고전7:19, 마19:17), 십계명을 통하여 깨닫게 되는 자신의 죄인 됨과 지은 죄들(롬3:20, 7:7,13)과 심지어 깨닫지 못한 죄까지도 예수 그리스도의 십자가를 의지하여 자백하고 회개하여 지속적으로 죄 용서함의 은혜를 누리는 것'입니다(요일1:7-9, 눅18:13-14). 이 지속적인 죄 사함이 은혜 중의 가장 큰 은혜입니다(롬8:1-2).
3. 영적 에덴에서 선악을 알게 하는 나무의 열매는 십계명이며 생명나무는 예수 그리스도입니다. 육적 에덴에서는 하나님의 계명을 범하면 죄 사함의 길이 없어 쫓겨날 수밖에 없지만 영적 에덴에서는 십자가를 통하여 죄 사함의 길이 열려 있으므로 지속적으로 머물러 있을 수 있습니다. 그러므로 영적 에덴에 있는 사람은 육

적 에덴에 있는 사람보다 훨씬 더 축복된 상태에 있다고 할 수 있습니다.

5. 예수 재림과 심판

1. 영적 에덴에 있는 사람은 죄는, 용서되고 선은 인정받아 점점 쌓여서 장차 예수께서 재림하셔서 만민을 심판하실 때(요14:2,3, 행1:10,11, 히9:28, 계1:7, 히9:27, 계20:13) 상급의 심판을 받아 영원한 천국에서 상급과 영광을 받습니다(벧1:7, 딤후4:7,8, 고전15:41).
그러나 사탄의 권세 아래서 구원받지 못한 사람은 죄악이 점점 쌓여 예수께서 재림하실 때 형벌의 심판을 받아 영원한 지옥에서 죄의 크기만큼 형벌을 받습니다(살후1:8,9, 벧후2:10).
2. 만일 믿음을 소홀히 하여 교회를 떠나 죄 가운데서 방황하게 되면 구원을 상실하여 영원한 지옥에 들어가게 됩니다(히10:26-29, 고전6:9,10, 고전2:29). 이러한 사람은 더 큰 형벌을 받습니다. 차라리 믿지 않았던 것이 더 좋았을 것입니다(벧전2:21). 그러나 다행히 돌이킨 사람은 가까스로 구원을 얻을 수 있습니다만, 천국에서 상급이 지극히 적습니다(약5:19,20, 겔18:23, 눅15:11-32).
3. 성도가 사탄의 권세에서 하나님의 권세로 회복되어 구원받는 것도 예수 그리스도의 십자가의 은혜요, 영적 에덴인 교회에서 구

원이 유지될 수 있는 것도 십자가의 공로로 죄를 용서받기 때문이며, 선이 선으로 기억되어 영원한 천국에서 상급이 될 수 있는 것도 십자가의 은혜로 죄를 사함받기 때문입니다(엡2:8,9, 고전15:10). 그러므로 성도는 자기의 공로를 자랑할 것이 아무것도 없고 오직 인간에게 구원을 주신 하나님의 은혜와 예수 그리스도의 십자가만을 높이고 자랑해야 되는 것입니다(고전1:18, 갈6:14, 고전2:2, 눅17:10).

제2편 본론

창 조

1. 하나님께서 천지 만물을 엿새 동안 창조하시고, 여섯째 날에 사람을 하나님의 형상대로 만드셨습니다.
2. 인간은 육과 혼과 영으로 지음받았으며, 지음을 받던 때에 선하고 흠이 없었습니다.
3. 인간은 하나님의 영광을 위해서 창조되었습니다.
4. 하나님은 인간에게 놀라운 축복을 허락하셨습니다.
   첫째, 하나님의 영을 인간 안에 불어 넣으셔서 거하게 하시어 영적으로 살게 하셨으며 하나님께서 인간과 친밀한 교제를 나눌 수 있게 하셨습니다.
   둘째, 에덴동산을 만드셔서 의식주의 염려가 없는 평안하고 행복한 삶을 누릴 수 있게 하셨습니다.
   셋째, 영원히 살도록 허락되었습니다.
5. 그러나 한 가지의 법을 주셨습니다. 즉「선악을 알게 하는 나무의 열매를 먹지 말라, 먹는 날에는 반드시 죽으리라」라는 법이 있습니다. 이 명령만 지키면 영원한 행복을 누리며 살 수 있었습니다.

01

하나님께서 천지 만물을 엿새 동안 창조하시고,
여섯째 날에 사람을 하나님의 형상대로 만드셨습니다

1. 하나님께서 천지 만물을 엿새 동안 창조하셨습니다

태초에 하나님이 천지를 창조하시니라 [창 1:1]

하나님은 존재의 제1원인(原因)이십니다. 과학이나 철학의 견지에서 보면 천지 만물 모든 존재가 어디서 왔는가 하는 문제, 즉 존재의 원인에 관한 해답은 찾을 수 없는 영원한 미궁입니다. 그러나 성경은 이 문제에 대해서 분명한 답변을 주고 있습니다. 모든 존재의 원인이 바로 하나님이시라는 것입니다. 성경은 시작하자마자 태초에 천지 만물은 하나님께서 창조한 것이라고 선언하고 있습니다. 따라서 창세기 1장 1절은 성경을 여는 열쇠입니다. 하나님께서 천지 만물을 창조하셨다는 사실을 믿을 때 비로소 성경의 모든 영적인 진리들이 믿어지고 하나님의 놀라운 은혜 속에 들어갈 수 있습니다.

첫째 날, 빛(창1:3-5).
둘째 날, 궁창(창1:6-8).

셋째 날, 바다와 육지, 풀과 씨 맺는 채소와 과일(창1:9-13).
넷째 날, 해와 달과 별(창1:14-19).
다섯째 날, 바다의 고기와 공중의 새(창1:20-3).
여섯째 날, 육지의 동물, 사람(창1:24-31).
일곱째 날, 안식하심(창2:1-3).

1) 우주의 신비를 통해 그 사실을 알 수 있습니다

천지 만물은 우연의 소산이 아닙니다. 오늘날 가장 보편적으로 믿고 있는 진화론은 우주의 진화와 모든 생명체의 진화를 말하고 있습니다. 진화론은 처음부터 끝까지 모든 것이 우연히 존재하여 우연히 진화를 거듭하며 현재의 우주와 생명체들이 생겨났다고 말합니다. 우연히 무한한 힘이 존재하게 되었고 우연히 대폭발을 일으켜 시간과 공간과 물질과 법칙이 생겨나고, 우연히 우주계·은하계·태양계·지구가 생기고, 지구에서 우연히 물이 생기고 그 중에서 우연히 단세포동물이 생기고, 단세포동물→다세포동물→무척추동물→척추동물→양서류→포유류→원숭이→침팬지→유인원 등으로 우연히 진화했으며, 그리고 또 우연히 인류로 진화했다는 것입니다. 뿐만 아니라 모든 종류의 동물과 식물들이 수많은 종으로 우연히 진화했다는 것입니다. 그 모든 진화의 고리는 우연입니다. 우연, 우연, 우연… 모든 것이 우연히 그렇게 진화했다는 것입니다. 전능하신 창조자 하나님의 설계와 뜻이 없이 모든 존재의 원인을 우연으로 말하는 것은 너무나 어처구니없는 상상이요 주장입니다. 이렇게 크고 정교한 우주와 모든 생명체가 어떻게 우연히 존재하게 되었다고 말할 수 있겠습니까? 이러한 모든 것들은 전능하신 하나님의 창조라는 사실을 알아야 합니다.

인쇄소가 폭발하더니 책들이 무더기로 만들어져 나오고 컴퓨터 공장이 폭발하더니 컴퓨터가 우연히 저절로 만들어져 나왔다면 그것도 가능한 상상일까요? 천지 만물이 우연히 폭발하여 진화해 간다는 것은 공장이 폭발하여 컴퓨터가 우연히 저절로 생산되었다고 주장하는 것보다 더 황당한 이야기입니다.

백번 양보하여 진화가 사실이라 하더라도 진화가 하나님의 존재를 부인할 아무런 근거가 될 수 없습니다. 진화도 여전히 창조주 하나님의 개입이 있어야 가능할 수 있습니다. 모든 진화를 우연으로 설명하는 것은 참으로 비과학적입니다. 도리어 진화는 창조주 하나님의 존재를 더욱 설득력 있게 설명해 주고 있습니다. 따라서 진화론자 중에서도 진화가 하나님의 섭리임을 믿는 유신론적 진화론자들도 많이 있습니다. 창조주 하나님을 믿지 않는 진화론자들을 무신론적 진화론자라고 합니다. 진화론자라고 해서 꼭 무신론자라고 단정하는 것은 편견입니다. 하나님을 신실히 믿는 유신론적 진화론자들도 많이 있다는 것은 진화론을 믿는다고 해서 반드시 무신론자가 아니라는 것을 보여주고 있습니다.

다윗은 들에서 양을 치면서 지내며 밤하늘의 별들과 달을 통해서 절절히 느낀 것을 다음과 같이 고백했습니다.

1. 창 조

> 하늘이 하나님의 영광을 선포하고 궁창이 그의 손으로 하신 일을 나타내는도다 날은 날에게 말하고 밤은 밤에게 지식을 전하니 언어도 없고 말씀도 없으며 들리는 소리도 없으나 그의 소리가 온 땅에 통하고 그의 말씀이 세상 끝까지 이르도다 하나님이 해를 위하여 하늘에 장막을 베푸셨도다 [시 19:1-4]

조용히 밤하늘의 별들과 해와 달과 만물을 살펴보십시오. 시편 기자는 "하늘이 하나님의 영광을 선포하고 궁창(하늘과 땅 사이)이 하나님의 하신 일을 나타내고 있으며 언어가 없고 들리는 소리가 없어도 그 소리가 온 땅에 통했다"라고 말하고 있습니다. 즉, 우리 마음 깊은 곳에서 하나님의 놀라우신 창조에 대한 인식과 경외감이 울려왔다는 고백입니다.

2) 생명의 신비를 통하여 그 사실을 알 수 있습니다

다윗은 인간 생명의 위대한 신비를 다음과 같이 고백했습니다.

> 주께서 내 내장을 지으시며 나의 모태에서 나를 만드셨나이다 내가 주께 감사하옴은 나를 지으심이 심히 기묘하심이라 주께서 하시는 일이 기이함을 내 영혼이 잘 아나이다 [시 139:13-14]

우리의 인체는 얼마나 신비하게 창조되었습니까? 머리카락만 하더라도 그렇습니다. 같은 머리에 있는 머리카락이나 수염은 계속 자라지만 눈썹이나 속눈썹은 계속해서 자라지 않습니다. 이것이 무슨 조화입니까? 저절로 우연히 그렇게 되었다는 말입니까? 이것은 전능하신 하나님의 조화와 섭리에 의해 된 것입니다. 이외에도 인간의 신체는 하나하나가 얼마나 기묘하고 신비롭습니까? 이러한 것이 어떻게 우연히 진화하여 만들어졌다고 말할 수 있겠습니까? 인간의 신체와 생명의 신비는 전능하신 하나님의 존재와 지혜와 능력을 보여 주고 있습니다.

3) 각종 동물들의 신비를 통해 알 수 있습니다

지구 안에 살고 있는 수백만 종의 동·식물은 제각기 그 특성과 본성을 가지고 신비하게 살아가고 있습니다. 이러한 것이 우연히 진화하여 되었다면 모든 종들의 진화의 연속적인 중간단계들이 발견될 것입니다. 그러나 진화의 연속적인 중간단계가 발견된 경우가 없습니다. 몇몇 종들의 중간단계를 교묘히 꿰맞춰 놓아 그럴듯해 보이지만 이 모든 것들은 허구입니다. 더욱이 생물이 진화를 하고 있다면 지금도 새로운 종으로 진화한 종들이 있어야 할 텐데 아직은 새로운 종으로 진화한 것들을 볼 수가 없습니다. 진화론이 일리가 있어 보이지만 그것은 하나의 학설일 뿐 절대 진리는 아닌 것입니다. 인간이 정말 편견 없이 이 모든 동·식물의 존재의 신비를 살펴보면, 그 안에서 하나님의 창조를 느끼고 볼 수 있을 것입니다. 모든 동식물의 신비한 활동은 하나님의 창조와 전능과 지혜를 웅변하고 있는 것입니다.

이제 모든 짐승에게 물어 보라 그것들이 네게 가르치리라 공중의 새에게 물어 보라 그것들이 또한 네게 말하리라 땅에게 말하라 네게 가르치리라 바다의 고기도 네게 설명하리라 이것들 중에 어느 것이 여호와의 손이 이를 행하신 줄을 알지 못하랴 [욥 12:7-9]

4) 건축물들을 통하여 그 사실을 추측할 수 있습니다

모든 건축물을 보면 비록 지은 사람이 눈앞에 없다 하더라도 누군가 그것을 설계하고 지은 사람이 있다는 것을 누구나 상식적으로 인정합니다. 만일 어느 동굴에 사람이 산 흔적이 있다면 틀림없이 사람이 살았다고 할 것입니다. 공룡 발자국의 화석만 보고도 그곳에 공룡이 살았다고 단정하지 않습니까? 이와 같이 이 정교한 우주·물질·생명체의 신비를 보면 이것들을 고안하고 창조한 전능하신 창조주의 존재를 너무나도 당연하게 인정하지 않을 수 없습니다. 이러한 상식적인 판단이 천지 만물의 존재에서만 예외일 수가 있습니까? 오히려 천지 만물의 존재를 보며 전능하신 하나님의 존재를 더욱 확신하게 됩니다.

집마다 지은 이가 있으니 만물을 지으신 이는 하나님이시라

[히 3:4]

5) 인간의 본성이 하나님의 존재를 인정합니다

인간에게는 하나님을 찾으려는 본성이 있습니다. 이것을 종교적

제2편
본 론

본능이라고 합니다. 인간이 존재하는 어느 곳에서든지 신의 존재를 인정하고 믿는 종교가 있습니다. 그러므로 '인간은 종교적 동물'이라는 말이 생기게 된 것입니다. 종교가 없는 민족은 없다고 합니다. 그러나 인간은 하나님을 알 수 있는 본성이 죄로 인해 어두워져 참 하나님을 찾지 못하고 금·은·동·철·목·석 등으로 각종 형상들을 만들어 신으로 잘못 섬기고 있는 것입니다. 이로 볼 때 인간이 어떠한 신을 믿는다는 것은 비록 잘못 섬기고 있다 하여도 하나님의 존재를 본능적으로 인정하는 것입니다. 그러나 인간이 하나님께서 만드신 우주 만물을 정직하게 살펴본다면 전능하신 하나님을 알게 되고 그분을 찾게 될 것이며, 하나님은 그렇게 정직하고 깨끗한 마음으로 하나님을 찾는 사람에게 어떤 형태로든지 하나님을 알게 하시고 믿게 하실 것입니다. 그러한 신실한 사람들 중에 아브라함과 욥 같은 사람들이 있었습니다. 하나님은 그와 같은 정직한 사람들에게 나타나셔서 하나님의 존재를 확실히 보이시고 그의 뜻을 전하여 후세 사람들에게 참 하나님을 쉽게 찾아 믿도록 하셨습니다(행7:2-3, 욥1:1).

그러므로 참 하나님을 믿지 않는다면 하나님의 심판 때에 믿지 않는 것에 대해 핑계할 수 없다고 경고하고 있습니다.

> 이는 하나님을 알 만한 것이 그들 속에 보임이라 하나님께서 이를 그들에게 보이셨느니라 창세로부터 그의 보이지 아니하는 것들 곧 그의 영원하신 능력과 신성이 그가 만드신 만물에 분명히 보여 알려졌나니 그러므로 그들이 핑계하지 못할지니라 [롬 1:19-20]

1. 창조

6) 하나님께서는 홀로 천지 만물을 창조하셨습니다

천지 만물의 존재가 신들의 창조라고 하는 신화들이 있습니다만 그러한 신화들은 인간의 상상에 의해 만들어진 이야기들입니다. 성경은 하나님의 말씀입니다. 성경에 계시된 하나님은 천지 만물을 홀로 만드신 전능하신 하나님이십니다.

네 구속자요 모태에서 너를 지은 나 여호와가 이같이 말하노라 나는 만물을 지은 여호와라 홀로 하늘을 폈으며 나와 함께 한 자 없이 땅을 펼쳤고 [사 44:24]

오직 그분만이 경배의 대상이 되며 그분만이 인생의 참된 목적과 행복과 내세의 영원한 복된 삶을 보장하는 것입니다. 그러므로 전능하신 하나님을 믿고 경배하며 사랑하며 순종하는 것은 너무도 당연한 도리입니다

일의 결국을 다 들었으니 하나님을 경외하고 그의 명령들을 지킬지어다 이것이 모든 사람의 본분이니라 [전 12:13]

그러나 세상의 수많은 사람들은 천지 만물을 창조하신 전능하신 하나님을 믿지 않고 각종 우상을 만들어 섬기고 있습니다. 이러한 우상들은 인간에게 참 평안과 복을 줄 수 없고 영생복락도 역시 줄 수 없습니다.

제2편 본론

> 여러 나라의 풍습은 헛된 것이니 삼림에서 벤 나무요 기술공의 두 손이 도끼로 만든 것이라 그들이 은과 금으로 그것에 꾸미고 못과 장도리로 그것을 든든히 하여 흔들리지 않게 하나니 그것이 둥근 기둥 같아서 말도 못하며 걸어다니지도 못하므로 사람이 메어야 하느니라 그것이 그들에게 화를 주거나 복을 주지 못하나니 너희는 두려워하지 말라 하셨느니라 [렘 10:3-5]

2. 우리가 믿는 하나님

1) 전능하신 하나님

우리가 믿는 하나님은 천지 만물을 창조하시고 인간을 만드신 전지전능하신 분이십니다. 하나님은 전능하시고 생사화복을 주관하시는 분이 되시기 때문에 하나님을 경외하고 진정으로 사랑하며 그 계명을 지키는 자에게 천 대까지 은혜를 주실 수가 있는 것입니다. 이러한 하나님을 알고 믿는 것이야말로 인생의 최대의 행복이요 가장 영광된 일입니다.

> 전능하신 하나님이 네게 복을 주시어 네가 생육하고 번성하게 하여 네가 여러 족속을 이루게 하시고 [창 28:3]
> 네가 만일 하나님을 찾으며 전능하신 이에게 간구하고 또 청결하고 정직하면 반드시 너를 돌보시고 네 의로운 처소를 평안하게 하

실 것이라 네 시작은 미약하였으나 네 나중은 심히 창대하리라
[욥 8:5-7]
여호와는 죽이기도 하시고 살리기도 하시며 스올에 내리게도 하시고 거기에서 올리기도 하시는도다 여호와는 가난하게도 하시고 부하게도 하시며 낮추기도 하시고 높이기도 하시는도다 [삼상 2:6-7]
나를 사랑하고 내 계명을 지키는 자에게는 천 대까지 은혜를 베푸느니라 [출 20:6]

2) 사랑의 하나님

우리 하나님은 사랑이십니다. 사랑·자비·인자·긍휼이 풍성하신 하나님이십니다.

사랑하지 아니하는 자는 하나님을 알지 못하나니 이는 하나님은 사랑이심이라 하나님이 우리를 사랑하시는 사랑을 우리가 알고 믿었노니 하나님은 사랑이시라 사랑 안에 거하는 자는 하나님 안에 거하고 하나님도 그의 안에 거하시느니라 [요일 4:8, 16]
여호와는 긍휼이 많으시고 은혜로우시며 노하기를 더디 하시고 인자하심이 풍부하시도다 [시 103:8]

인간은 범죄로 인해 본성이 타락하였고, 그 타락된 본성에서 나오는 욕망으로 말미암아 수많은 고통과 불평등과 불행이 야기되었습니다. 그럼에도 불구하고 하나님은 사랑이시기 때문에 모든 인간에게

제2편
본론

살 수 있는 환경을 주시고 먹을 것과 입을 것을 주셨습니다. 뿐만 아니라 하나님을 신실히 믿고 계명에 순종할 때 놀라운 인생의 행복과 성공적인 삶을 누리게 하실 것입니다.

더욱이 하나님은 죄로 인해 영원한 지옥의 고통을 받을 인간들을 불쌍히 여기셔서 독생자 예수 그리스도를 보내셔서 그를 믿는 자에게 죄를 용서하시어 구원을 주시고 하나님과 함께 영생복락을 누리도록 하셨습니다.

> 하나님이 세상을 이처럼 사랑하사 독생자를 주셨으니 이는 그를 믿는 자마다 멸망하지 않고 영생을 얻게 하려 하심이라 [요 3:16]

이러한 하나님의 사랑을 진정으로 깨닫고 믿음생활을 하면 깨달은 만큼 감사와 감격과 기쁨과 행복이 충만한 삶을 누릴 수 있습니다.

> 능히 모든 성도와 함께 지식에 넘치는 그리스도의 사랑을 알고 그 너비와 길이와 높이와 깊이가 어떠함을 깨달아 하나님의 모든 충만하신 것으로 너희에게 충만하게 하시기를 구하노라 [엡 3:18-19]

그러나 많은 그리스도인들이 하나님을 믿는다고 하면서도 감사와 감격과 기쁨과 평안이 부족하거나 없는 것은 말씀과 기도를 통하여 하나님의 사랑을 더 깊이 깨닫지 못했기 때문입니다.

3) 공의로우신 하나님

하나님은 공의로우시기 때문에 세 가지 측면에서 공의롭게 행하십니다.

첫째, 하나님의 뜻 안에서 성실히 노력하는 자에게 정당한 대가를 주시고 복을 누리게 하십니다.
둘째, 이 세상에서 당대와 후대에 반드시 선악 간에 보응을 해 주십니다.
셋째, 만민을 심판할 최후의 심판대 앞에서 선악 간에 반드시 공정하게 보응을 행하실 것입니다.

너희는 알리며 진술하고 또 함께 의논하여 보라 이 일을 옛 부터 듣게 한 자가 누구냐 이전부터 그것을 알게 한 자가 누구냐 나 여호와가 아니냐 나 외에 다른 신이 없나니 나는 공의를 행하며 구원을 베푸는 하나님이라 나 외에 다른 이가 없느니라 [사 45:21]
주께서 이같이 하사 의인을 악인과 함께 죽이심은 부당하오며 의인과 악인을 같이 하심도 부당하니이다 세상을 심판하시는 이가 정의를 행하실 것이 아니니이까 [창 18:25]

4) 거룩하신 하나님

거룩이란 말은 '죄가 없으심, 성결하심, 깨끗하심'이라는 뜻입니다. 하나님은 죄가 없으신 성결하시고 깨끗하신 분이시므로 믿는 자들이 그의 거룩하심에 동참하기를 원하십니다. 죄인인 우리가 하나님의 거룩하심에 동참하는 길은 오직 예수 그리스도의 십자가를 통하여 죄의 용서함을 받는 것이며, 성령의 능력과 말씀의 깨달음을 통하여 실제적인 거룩함과 성결을 이루어 가는 것입니다. 하나님은 거룩하게 사는 성도들에게 놀라운 은혜와 복을 주실 것입니다.

> 너희는 여호와 우리 하나님을 높여 그의 발등상 앞에서 경배할지어다 그는 거룩하시도다 [시 99:5]
> 오직 너희를 부르신 거룩한 이처럼 너희도 모든 행실에 거룩한 자가 되라 기록되었으되 내가 거룩하니 너희도 거룩할지어다 하셨느니라 [벧전 1:15-16]

5) 스스로 계시고 영원히 계신 하나님

오직 하나님만이 스스로 계시고 영원부터 영원까지 계신 분이십니다. 구약에 나타난 여호와라는 하나님의 이름은 바로 '스스로 있는 자(I am that I am)'라는 뜻입니다. 모든 존재하는 것은 시작이 있지만 오직 하나님만이 시작도 끝도 없으신 스스로 존재하시고 영원히 계신 분이십니다.

> 하나님이 모세에게 이르시되 나는 스스로 있는 자이니라 또 이르시되 너는 이스라엘 자손에게 이같이 이르기를 스스로 있는 자가 나를 너희에게 보내셨다 하라 [출 3:14]

1. 창조

영원하신 하나님이 네 처소가 되시니 그의 영원하신 팔이 네 아래에 있도다 그가 네 앞에서 대적을 쫓으시며 멸하라 하시도다
[신 33:27]

너는 알지 못하였느냐 듣지 못하였느냐 영원하신 하나님 여호와, 땅 끝까지 창조하신 이는 피곤하지 않으시며 곤비하지 않으시며 명철이 한이 없으시며 [사 40:28]

6) 성령이신 하나님

하나님의 본질은 영이십니다. 특별히 하나님이 거룩한 분이시므로 하나님의 영을 거룩한 영 즉 성령이라 부릅니다.

하나님은 영이시니 예배하는 자가 영과 진리로 예배할지니라
[요 4:24]

영은 볼 수도 없고 만질 수도 없는 비물질적인 존재이며 시간과 공간을 초월해서 존재하시고 활동하시며 온 우주에 충만해 계십니다.

오직 그에게만 죽지 아니함이 있고 가까이 가지 못할 빛에 거하시고 어떤 사람도 보지 못하였고 또 볼 수 없는 이시니 그에게 존귀와 영원한 권능을 돌릴지어다 아멘 [딤전 6:16]
여호와의 말씀이니라 사람이 내게 보이지 아니하려고 누가 자신을 은밀한 곳에 숨길 수 있겠느냐 여호와가 말하노라 나는 천지에 충

만하지 아니하냐 [렘 23:24]

같은 시간에 한 장소에서 여러 모양으로 나타나실 수 있고 같은 시간에 여러 장소에서 나타나실 수도 있으시며(마 3:16-17), 아무리 밀폐된 공간이라 할지라도 나타났다 사라지실 수도 있습니다(요 20:19, 26). 시간과 공간을 초월해서 자유자재하신 분이십니다. 하나님은 이러한 성령을 통해서 모든 일을 하고 계십니다.

7) 말씀으로 역사(役事)하시는 하나님

하나님은 말씀으로 존재하십니다. 말씀을 통해서 하나님의 뜻이 나타나게 됩니다. 그런 의미에서 말씀이 곧 하나님이십니다.

태초에 말씀이 계시니라 이 말씀이 하나님과 함께 계셨으니 이 말씀은 곧 하나님이시니라 [요 1:1]

하나님은 자신의 뜻을, 신실한 종 선지자들에게 성령의 감동을 주시어 인간이 이해할 수 있는 언어로 기록해 놓으셨습니다.

모든 성경은 하나님의 감동으로 된 것으로 교훈과 책망과 바르게 함과 의로 교육하기에 유익하니 [딤후 3:16]

그 말씀이 성경이며 성경은 바로 하나님의 말씀입니다. 그 말씀을

1. 창조

읽고 듣고 자세히 살펴서 믿는 사람은 말씀이 그 마음에서 살아 역사하게 됩니다. 그러므로 성경 말씀을 열심히 듣고, 읽고, 연구하며 실천하기를 힘써야 할 것입니다.

> 하나님의 말씀은 살아 있고 활력이 있어 좌우에 날선 어떤 검보다도 예리하여 혼과 영과 및 관절과 골수를 찔러 쪼개기까지 하며 또 마음의 생각과 뜻을 판단하나니 [히 4:12]
> 이러므로 우리가 하나님께 끊임없이 감사함은 너희가 우리에게 들은 바 하나님의 말씀을 받을 때에 사람의 말로 받지 아니하고 하나님의 말씀으로 받음이니 진실로 그러하도다 이 말씀이 또한 너희 믿는 자 가운데에서 역사하느니라 [살전 2:13]

하나님의 말씀은 일점일획이라도 더하거나 빼거나 바꿀 수 없는 것입니다. 만일 가감하거나 변경하면 구원을 받을 수가 없습니다.

> 내가 율법이나 선지자를 폐하러 온 줄로 생각하지 말라 폐하러 온 것이 아니요 완전하게 하려 함이라 진실로 너희에게 이르노니 천지가 없어지기 전에는 율법의 일점 일획도 결코 없어지지 아니하고 다 이루리라 [마 5:17-18]
> 내가 이 두루마리의 예언의 말씀을 듣는 모든 사람에게 증언하노니 만일 누구든지 이것들 외에 더하면 하나님이 이 두루마리에 기록된 재앙들을 그에게 더하실 것이요 만일 누구든지 이 두루마리

의 예언의 말씀에서 제하여 버리면 하나님이 이 두루마리에 기록된 생명나무와 및 거룩한 성에 참여함을 제하여 버리시리라

[계 22:18-19]

8) 육신으로 나타나신 하나님

전능하신 하나님께서 죄로 인해 영원한 지옥의 형벌을 받을 수밖에 없는 인간을 구원하시기 위해 죄 없는 육신으로 이 땅에 오셨습니다. 그분이 바로 예수 그리스도이십니다. 예수 그리스도는 육신으로 이 세상에 오셨기 때문에 인간의 신분을 가지셨고 그렇게 행동을 하셨습니다. 즉 독생자, 하나님의 종 등으로 불리셨고 또 하나님께 기도와 간구도 드렸으며 하나님의 뜻에 순종하여 인간의 본이 되셨습니다. 그러나 그분의 근본은 바로 존재의 근원 되시고 전능하신 하나님이십니다.

구원의 섭리를 완성하시기까지 한 분 하나님께서 세 모습으로 역사하십니다. 즉 아버지 하나님, 아들 하나님, 성령 하나님이십니다. 이 세 분이 한 하나님이십니다. 그러나 이 세상을 심판하러 오실 때는 오직 한 하나님으로 오시어 영원히 천국에서 성도와 함께 계실 것입니다.

태초에 말씀이 계시니라 이 말씀이 하나님과 함께 계셨으니 이 말씀은 곧 하나님이시니라 그가 태초에 하나님과 함께 계셨고 만물이 그로 말미암아 지은 바 되었으니 지은 것이 하나도 그가 없이는

1. 창 조

된 것이 없느니라 말씀이 육신이 되어 우리 가운데 거하시매 우리가 그의 영광을 보니 아버지의 독생자의 영광이요 은혜와 진리가 충만하더라 [요 1:1- 2, 14]
조상들도 그들의 것이요 육신으로 하면 그리스도가 그들에게서 나셨으니 그는 만물 위에 계셔서 세세에 찬양을 받으실 하나님이시니라 아멘 [롬 9:5]
[참고, 빌 2:6-11]

3. 인간을 하나님의 형상대로 만드셨습니다

인간은 하나님의 형상대로 지음을 받은 위대한 존재입니다.

하나님이 이르시되 우리의 형상을 따라 우리의 모양대로 우리가 사람을 만들고 그들로 바다의 물고기와 하늘의 새와 가축과 온 땅과 땅에 기는 모든 것을 다스리게 하자 하시고 하나님이 자기 형상 곧 하나님의 형상대로 사람을 창조하시되 남자와 여자를 창조하시고 [창 1:26-27]
이것으로 우리가 주 아버지를 찬송하고 또 이것으로 하나님의 형상대로 지음을 받은 사람을 저주하나니 [약 3:9]

그러면 하나님의 형상이란 무엇입니까?

1) 영적 존재로서의 형상

인간에게는 영이 있습니다. 이 인간의 영은 하나님의 영을 닮았습니다. 영은 영과 통하게 되고 또 교제를 나눌 수 있게 되어 있습니다. 하나님의 영이 인간 안에 들어와 인간과 교제를 나눌 수 있는 것도 인간에게 영이 있기 때문입니다. 물론 사탄의 영, 즉, 사령이 인간 안에 들어와 인간의 영을 지배하여 인간을 종으로 삼을 수 있는 것도 인간에게 영이 있기 때문입니다. 인간은 비록 육의 몸을 가지고 있지만 하나님을 닮은 영이 있기 때문에 영적 존재인 것입니다.

> 그에게는 영이 충만하였으나 오직 하나를 만들지 아니하셨느냐 어찌하여 하나만 만드셨느냐 이는 경건한 자손을 얻고자 하심이라 그러므로 네 심령을 삼가 지켜 어려서 맞이한 아내에게 거짓을 행하지 말지니라 [말 2:15]
>
> 사람의 영혼(spirit)은 여호와의 등불이라 사람의 깊은 속을 살피느니라 [잠 20:27]

2) 내적 형상

하나님의 내적 형상은 도덕적 형상을 말하고 있습니다. 타락하기 전 인간은 하나님의 영에 의해 인도함을 받아 도덕적 형상과 성품을 갖고 있었습니다. 거룩함·사랑·정직·의로움 등 하나님의 아름다운 성품을 소유하고 있었습니다. 그러나 하나님의 명령을 어기고 범죄함으로 이러한 성품이 죄로 오염되어 죄성을 갖게 되었고 하나님의 내적 형상을 상실하고 말았습니다. 그렇지만 인간은 하나님의 성품을 닮았기 때문에 도덕적으로 선해지려는 의지를 갖고 있습니다. 인간이 비록 타락한 존재이긴 해도 하나님의 형상대로 창조되었기 때문에 도덕을 추구하며 사는 도덕적인 존재인 것입니다.

> 하나님을 따라 의와 진리의 거룩함으로 지으심을 받은 새 사람을 입으라 [엡 4:24]

하나님은 인간이 하나님을 믿고 거듭나 하나님의 말씀과 성령의 도우심을 입어 하나님의 형상과 성품을 회복하여 하나님을 닮게 되기를 바라고 계십니다. 그 목표는 '그리스도의 장성한 분량이 충만한 데까지'입니다. 하나님의 형상과 성품을 닮아 가는 데 있어서 가장 중요한 것은 성도의 지식이 하나님의 말씀으로 새로워지는 일입니다.

> 새 사람을 입었으니 이는 자기를 창조하신 이의 형상을 따라 지식에까지 새롭게 하심을 입은 자니라 [골 3:10]
> 우리가 다 하나님의 아들을 믿는 것과 아는 일에 하나가 되어 온전한 사람을 이루어 그리스도의 장성한 분량이 충만한 데까지 이르리니 [엡 4:13]

3) 외적 형상

하나님께서도 일정한 형상을 가지고 있습니다. 어떠한 모습일까요? 인간의 외적인 모습도 하나님의 형상을 닮았습니다. 천국에서 성도와 함께 영원히 계실 하나님의 모습이 바로 하나님의 형상입니다. 그분은 바로 부활하신 예수 그리스도의 모습입니다.

그 중에 이 세상의 신이 믿지 아니하는 자들의 마음을 혼미하게 하여 그리스도의 영광의 복음의 광채가 비치지 못하게 함이니 그리스도는 하나님의 형상이니라 [고후 4:4]

그는 보이지 아니하는 하나님의 형상이시요 모든 피조물보다 먼저 나신 이시니 [골 1:15]

그는 근본 하나님의 본체시나 하나님과 동등됨을 취할 것으로 여기지 아니하시고 [빌 2:6]

예수께서 이르시되 빌립아 내가 이렇게 오래 너희와 함께 있으되 네가 나를 알지 못하느냐 나를 본 자는 아버지를 보았거늘 어찌하여 아버지를 보이라 하느냐 [요 14:9]

1. 창 조

02

인간은 육과 혼과 영으로 지음받았으며, 지음을 받던 때에 선하고 흠 없었습니다

1. 인간은 육과 혼과 영으로 구성되었습니다

평강의 하나님이 친히 너희를 온전히 거룩하게 하시고 또 너희의 온 영과 혼과 몸이 우리 주 예수 그리스도께서 강림하실 때에 흠 없게 보전되기를 원하노라 [살전 5:23]
하나님의 말씀은 살아 있고 활력이 있어 좌우에 날선 어떤 검보다도 예리하여 혼과 영과 및 관절과 골수를 찔러 쪼개기까지 하며 또 마음의 생각과 뜻을 판단하나니 [히 4:12]

2. 육과 혼과 영의 구별

1) 육, 육신
헬라어로는 사르크스(σάρξ)이며, 영문으로는 플레쉬(flesh)입니다. 육은 볼 수 있고 만질 수 있는 물질적 부분입니다. 육은 물질세계에서 혼과 영의 활동을 표현하는 도구입니다. 상징적인 의미로는 육신의 정욕이나 죄악된 생활을 뜻합니다(골2:11 ; 3:5).

2) 혼

헬라어로는 푸쉬케(ψυχή) 영문으로는 솔(soul)입니다. 혼은 목숨이라고도 번역됩니다(마16:26).

그 기능으로는 생명력, 감각 기관, 생존 본능 등을 담당하고 있습니다. 혼은 영에 종속되어 있습니다. 따라서 혼은 영이 육체를 떠날 때 영에 여전히 붙어 존재하게 됩니다. 영과 혼은 보이지 않는 것이기 때문에 성경에서는 혼용이 되기도 하고 합쳐서 영혼이라고 사용되기도 합니다. 혼은 영의 활동을 육을 통해 나타나도록 매개하는 역할을 합니다.

3) 영

헬라어로는 프뉴마(πνεύμα)이며, 영문으로는 스피릿(spirit)입니다.

영은 참된 나이며 몸의 주인입니다. 그 기능으로는 하나님을 생각할 수 있고 섬길 수 있고 교제할 수 있는 부분으로 종교성, 도덕적으로 살 수 있게 하는 양심 활동, 과학과 학문과 문화를 창조하고 발전시킬 수 있는 창조 활동, 선과 악을 선택할 수 있는 자유의지 등을 담당하고 있습니다.

영에 의해 혼과 육이 지배를 받을 때 정상적인 활동을 합니다. 하지만 타락을 한 이후에는 반대의 경향이 있습니다. 육에 의해 혼이 지배를 받고 혼에 의해 영이 영향을 받게 되었습니다. 하지만 거듭난 이후에는 영의 회복을 통해 혼을 통제하고 육을 지배하도록 훈련이 되어야 합니다. 이러한 것은 말씀과 기도와 성령 충만을 통해서 가능해집니다.

육과 혼과 영에 관해서 더 자세한 것은 《구원의 경륜》을 참조하시기 바랍니다.

3. 인간은 선하고 흠 없이 지음을 받았습니다

내가 깨달은 것은 오직 이것이라 곧 하나님은 사람을 정직하게 지으셨으나 사람이 많은 꾀들을 낸 것이니라 [전 7:29]

인간이 선하고 흠이 없었다는 것은 타락할 가능성이 전혀 없다는 뜻이 아닙니다. 인간은 자유의지가 있기 때문에 하나님을 순종할 수도 거부할 수도 있습니다. 자유의지의 사용은 인간에게 주어진 최대의 축복이며 이를 선용하여 하나님의 명령을 선택했다면 하나님께 속하여 영원한 복을 받았을 것입니다. 그러나 자유의지를 악용하여 마귀의 말을 듣고 하나님의 명령을 거역한 결과 본성이 타락하였으며, 마귀에게 속한 자가 되었으며, 마귀와 함께 영원한 고통을 자초하게 되었습니다.

03

하나님의 영광을 위하여 지음을 받았습니다

내 이름으로 불려지는 모든 자 곧 내가 내 영광을 위하여 창조한 자를 오게 하라 그를 내가 지었고 그를 내가 만들었느니라

[사 43:7]

"내가 내 영광을 위하여 창조한 자"에서 "내"란 하나님을 말씀하고 있습니다. 하나님은 인간을 창조하실 때 하나님의 영광을 위하여 창조하셨습니다. 역시 구원받을 자를 영적인 새로운 피조물로 재창조하신 목적도 하나님의 영광을 위해서입니다. 그렇다면 하나님의 영광을 위하는 방법이 무엇일까요?

1. 하나님을 위하여 사는 것입니다

우리 중에 누구든지 자기를 위하여 사는 자가 없고 자기를 위하여 죽는 자도 없도다 우리가 살아도 주를 위하여 살고 죽어도 주를 위하여 죽나니 그러므로 사나 죽으나 우리가 주의 것이로다

[롬 14:7-8]

'위하여'라는 말은 삶의 목적을 말하고 있습니다. 인간은 무엇인가를 '위하여' 사는 존재입니다. 재물·권력·명예·학문·쾌락·사상·종교 등을 위해서, 즉 그것을 목적으로 삼고 살고 있습니다. 시계나 컴퓨터 등 모든 만들어진 존재는 그 만들어진 목적에 부합되어야 가치가 있습니다. 그렇지 않으면 아무 소용이 없습니다. 이와 같이 그리스도인들도 하나님이 인간을 만드신 창조목적에 부합하게 살아갈 때 그분께 영광이 되며 또한 자신에게도 가치 있고 복된 삶이 될 것입니다.

2. 하나님의 뜻에 순종하여 사는 것입니다

아버지께서 내게 하라고 주신 일을 내가 이루어 아버지를 이 세상에서 영화롭게 하였사오니 [요 17:4]

예수께서 이 세상에서 아들의 신분으로 계실 때 하나님 아버지께서 하라는 일, 즉, 하나님의 뜻에 순종하심으로 하나님께 영광을 돌렸습니다. 이처럼 성도들도 하나님의 뜻에 순종함으로 하나님께 영광을 돌리는 생활을 할 수 있는 것입니다. 하나님의 뜻에 순종하며 사는 것은 말씀을 따라 사는 것입니다.

3. 하나님의 은혜에 감사하며 사는 것입니다

감사로 제사를 드리는 자가 나를 영화롭게 하나니 그의 행위를 옳게 하는 자에게 내가 하나님의 구원을 보이리라 [시 50:23]

하나님의 은혜를 깨닫고 감사할 때 하나님께 영광이 됩니다. 감사는 세 부분으로 표현이 됩니다.

첫째, 하나님의 은혜를 깨닫고 입술로 고백을 하는 것입니다.
둘째, 하나님께 정성껏 물질을 드립니다.
셋째, 하나님께 충성하며 헌신하는 것입니다.

이렇게 감사를 깨닫고 표현하는 성도를 하나님은 더욱 사랑하시고 놀라운 복을 주실 것입니다.

4. 세상의 빛과 소금이 되어야 합니다

너희는 세상의 소금이니 소금이 만일 그 맛을 잃으면 무엇으로 짜게 하리요 후에는 아무 쓸 데 없어 다만 밖에 버려져 사람에게 밟힐 뿐이니라 너희는 세상의 빛이라 산 위에 있는 동네가 숨겨지지 못할 것이요 사람이 등불을 켜서 말 아래에 두지 아니하고 등경 위

1. 창 조

에 두나니 이러므로 집 안 모든 사람에게 비치느니라 이같이 너희 빛이 사람 앞에 비치게 하여 그들로 너희 착한 행실을 보고 하늘에 계신 너희 아버지께 영광을 돌리게 하라 [마 5:13-16]

'세상의 소금과 빛'이라는 것은 선하고 덕스럽고 사랑스러운 행위이며, 죄악 되고 이기적이며 남에게 고통을 주는 삶을 삼가고 이타적인 삶을 살도록 노력하는 것입니다. 하나님을 믿은 성도에게는 당연히 이러한 아름다운 행위가 삶 속에서 표현되어야 하나님께 영광이 되는 것입니다.

5. 하나님의 백성이 많아지게 하는 것입니다

백성이 많은 것은 왕의 영광이요 백성이 적은 것은 주권자의 패망이니라 [잠 14:28]

하나님은 아담과 하와가 하나님의 뜻에 순종하면서 생육하고 번성하여 하나님의 백성들이 많아질 것을 바라셨습니다(창1:28). '백성이 많은 것은 왕의 영광'인 것처럼 하나님의 백성들이 많아지는 것이 하나님께 영광이 되는 것입니다. 그러나 범죄로 인하여 죄인만이 점점 더 많아지게 되어 하나님께 불(不) 영광이 되었습니다.
하나님은 예수 그리스도를 통하여 새롭게 구원받은 하나님의 자녀가 많아져 하나님의 영광을 회복하시기를 원하십니다. 하나님은 전도의 방법을 통하여 이 일을 이루십니다. 그러므로 교회와 성도는 하나님의 영광을 위해서 구원받는 하나님의 백성이 더 많아지도록 전도에 힘을 써야 할 것입니다. 구원받는 백성이 많아지는 것은 만왕의 왕 되신 하나님께 가장 큰 영광이 될 것입니다.

04

하나님께서 인간에게 놀라운 축복을 허락하셨습니다

첫째, 하나님의 영을 인간 안에 불어 넣으셔서 영적으로 살게 하셨으며 하나님께서 인간과 친밀한 교제를 나눌 수 있게 하셨습니다

1. 하나님의 영을 인간 안에 불어 넣으심

여호와 하나님이 땅의 흙으로 사람을 지으시고 생기를 그 코에 불어넣으시니 사람이 생령이 되니라 [창 2:7]

기록된 바 첫 사람 아담은 생령이 되었다 함과 같이 마지막 아담은 살려 주는 영이 되었나니 [고전 15:45]

이 말씀을 하시고 그들을 향하사 숨을 내쉬며 이르시되 성령을 받으라 [요 20:22]

1. 창조

※생기와 성령

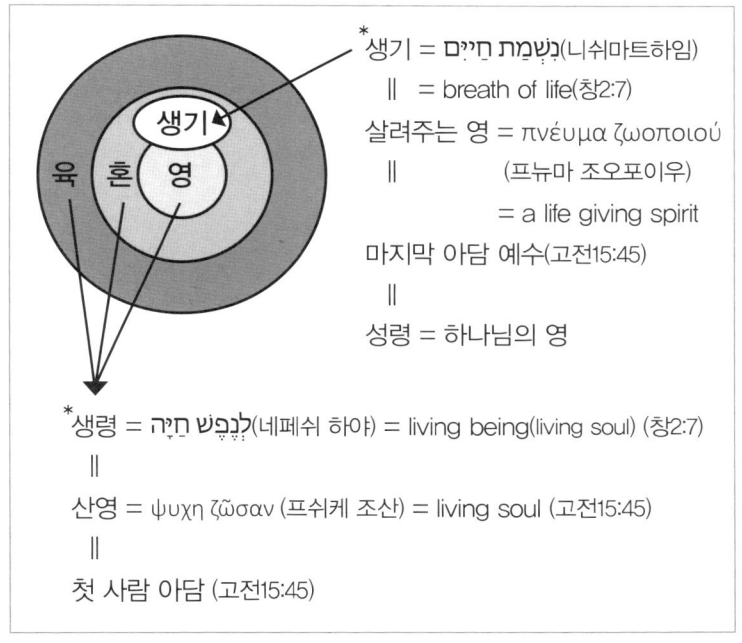

'생기'의 원문은 '호흡·바람·영'이라는 뜻으로 사용됩니다. '영'은 사람의 영과 하나님의 영으로 모두 쓰일 수 있습니다. 하나님께서 인간에게 불어 넣어주신 '생기'는 원문에 복수로 되어 있습니다. 하나님이 아담의 코에 '생기'를 불어 넣으실 때 하나님의 영과 사람의 영과 호흡이 동시에 들어가 육체와 영이 살게 되었습니다. 다시 말해 하나님의 영과 인간의 영과 숨을 쉬는 일이 동시동작적으로 일어난 것입니다.

제2편
본론

　하지만 '구원의 원리'를 설명할 때는 '생기'가 하나님의 영이라는 측면만을 가지고 설명을 하겠습니다. 왜냐하면 인간의 영은 한 번 들어가면 육체가 죽지 않는 이상 특수한 경우를 제외하고는 일반적으로 육체를 떠나지 않으나 성령은 죄로 인해 떠날 수 있기 때문입니다.

　최초에 아담에게 생기가 들어감으로 아담이 생령 즉, 산 존재가 되었습니다. 여기서 "생령이 된지라"는 말은 하나님과 연합된 영원한 생명을 얻은 것을 말하고 있습니다. 인간의 영은 영생하도록 창조되었습니다. 성경이 말하는 영원한 생명이란 사령의 지배 아래 사탄의 영과 연합된 영생이 아니라 하나님과 연합된 영생을 말하고 있습니다. 죄로 인해 하나님과 연합된 영원한 생명을 상실한 것을 성경에서는 영적으로 죽었다고 말하며(엡2:1-2), 하나님과 연합된 영원한 생명을 얻은 것을 영적으로 살았다고 말합니다.

　아담은 생기가 들어가자 하나님과 연합된 영원한 생명을 얻은 산 존재가 된 것입니다. 인간은 하나님의 영과 연합될 때 영원한 생명을 얻을 수 있으며 영적 교제를 나눌 수 있습니다. 이것이 영적으로 산 존재인 것입니다. 그런데 아담이 범죄함으로 하나님의 영이 떠나 하나님과 연합된 영원한 생명을 상실하고 말았습니다. 그가 비록 범죄하자마자 곧바로 죽지 않았다 하더라도 영적으로 이미 죽은 것입니다. 그러나 예수께서 생기, 즉, 하나님의 영이 되시어 인간에게 들어가심으로 하나님과 연합된 영원한 생명을 회복하여 영적으로 산 존재가 되게 하신다는 것입니다.

　앞의 그림에서 보듯이 바울 사도는 고린도전서 15장 45절에 창세기 1장 7절을 인용하면서 다음과 같이 영적 창조의 비밀을 말하고 있습니다. 첫 사람 아담은 살리심을 받은 피조된 존재이나 마지막 아담 예수는 사람을 살려주는 영이 된다는 것입니다. 살려주는 영이란 무엇입니까? 그것은 바로 영적으로 죽은 인간들에게 하나님과 연합된 영원한 생명을 주는 성령이라는 것입니다. 즉 예수가 살려주는 성령이라는 말입니다. 영적으로 죽은 인간을 살리실 생기가 바로 보혜사 성령입니다(요14:16-17). 예수님은 영원한 생명 자체이시며(요일1:2), 자신이 보혜사 성령이 되시어 영원한 생명을 나누어 주는 주체가 되십니다(요일2:25). 예수님께서 부활하신 후 제자들에게 나타나시어 '숨을 내쉬며 가라사대 성령을 받으라'(요20:22)라고 하신 데는 깊은 뜻이 있습니다. 이것은, 창세기 1장 7절에서 여호와 하나님이 생기를 아담에게 불어 넣으신 것처럼 예수님도 생기를 믿는 자에게 불어넣어 영원한 생명을 주실 것을 말씀하고 있습니다. 예수께서 죄를 지어 사탄의 지배 아래 있는 인간에게 죄 사함을 주시고, 또한 하나님께서 아담에게 생기를 불어 넣어 영적으로 살게 하셨듯이 인간의 영 안에 보혜사 성령을 불어 넣으셔서 하나님과 연합된 영원한 생명을 얻게 하실 것입니다. 즉, 범죄로 인하여 죽은 인간이 침례를 받아 죄의 용서함을 받고 보혜사 성령을 받게 됨으로 영원한 생명을 회복하는 위대한 역사가 일어나게 됩니다(참고, 겔37:1-10).

2. 친밀한 교제를 나누심

하나님은 인간에게 일방적으로 영광만 받으시는 분이 아니십니다. 하나님은 인간과 교제를 나누실 때 영광을 받으시고 기뻐하십니다. 인간이 하나님의 무한한 은혜와 사랑을 깨달아 하나님 때문에 기뻐하고 또, 하나님도 그러한 인간을 통해 기뻐하시기를 원하십니다. 그러한 교제는 하나님의 영과 말씀을 통해서 이루어질 수 있습니다.

나는 여호와로 말미암아 즐거워하며 나의 구원의 하나님으로 말미암아 기뻐하리로다 [합 3:18]
하나님은 영이시니 예배하는 자가 영과 진리로 예배할지니라
[요 4:24]

여기서 예배는 하나님과의 교제의 의미가 있습니다. 따라서 하나님과 교제를 위해서는 영과 진리로 해야 한다는 것입니다. 영은 하나님의 영이며 진리는 하나님의 말씀입니다. 그러므로 성령과 하나님의 말씀으로 하나님과 교제를 나눌 수 있다는 말입니다.

> 둘째, 에덴동산을 만드셔서 의식주의 염려가 없는 평안하고 행복한 삶을 누릴 수 있게 하셨습니다

1. 창 조

1. 에덴이라는 말의 뜻은 '즐거움'이라는 말입니다

　인간은 본래 행복한 존재로 지음받았으며 에덴동산에서 완전한 행복을 누릴 수 있었습니다. 그러나 애석하게도 범죄로 그 완전하고도 영원한 행복을 상실하고 말았습니다. 그러나 인간이 다시 에덴의 행복을 회복하는 것이 하나님의 뜻입니다. 이 타락된 세상에서는 다시 에덴의 행복을 찾을 수 없습니다. 오직 예수 그리스도를 통해 영적 에덴인 교회에서 그 즐거움을 찾을 수 있으며 영원한 천국에서 완전한 즐거움을 회복하여 우리 예수님과 함께 영원복락을 누리게 될 것입니다. 에덴의 회복! 이것이 하나님의 뜻이며 본서의 주제입니다.

　에덴 낙원은 인간의 영원한 꿈이요 이상적인 고향입니다. 인간은 본능적으로 그 에덴 낙원의 아련한 추억을 가지고 있습니다. 그렇기 때문에 인간은 이 에덴 낙원의 회복을 과거에서부터 지금까지 끊임없이 추구하고 노력하고 있습니다. 앞으로도 그 일은 계속될 것입니다. 이상적인 국가 건설을 시도하고, 경제제도와 정치제도를 개선하고, 과학을 진보시켜 생활의 편리함을 얻고, 교육과 도덕을 강화시키고, 각종 종교적인 방법을 동원하여 그 회복을 꿈꾸고 있습니다. 그러나 그것은 영원히 이루지 못할 헛된 꿈에 불과합니다. 인간은 그 꿈을 이루기 위해서 처절히 노력하고 있지만 실패하였고 더 큰 고뇌와 고통을 당하고 있습니다.

　그러나 낙원은 오직 예수 그리스도를 통해서만 회복될 수 있습니다. 예수님은 '내가 곧 길이요 진리요 생명'이라고 말씀하셨습니다(요

14:6). 예수 그리스도 우리 주님은 우리의 영원한 고향 에덴 낙원에 이르는 길이 되십니다. 우리는 이 길 되신 예수님을 통해서 그 에덴 낙원에 이르러 우리의 아버지와의 관계를 회복할 수 있습니다. 우리는 잃어버린 에덴 낙원을 회복하여 그 기쁨을 찾는 위대한 여정을 가는 사람들입니다. 에덴 낙원은 먼저 마음에서 이루어지고 그리고 교회를 통해 회복되며 영원한 천국에서 최종적으로 회복될 것입니다.

2. 어디에 창설하셨나요?

여호와 하나님이 동방의 에덴에 동산을 창설하시고 그 지으신 사람을 거기 두시니라 [창 2:8]

3. 동산 중앙에 있는 두 그루의 중요한 나무는 무엇입니까?

여호와 하나님이 그 땅에서 보기에 아름답고 먹기에 좋은 나무가 나게 하시니 동산 가운데에는 생명나무와 선악을 알게 하는 나무도 있더라 [창 2:9]

생명나무와 선악을 알게 하는 나무는 구원의 경륜과 원리를 풀어 나가는 데 매우 중요한 요소입니다. 선악을 알게 하는 나무의 열매는 선악과라 하고 나무는 선악과나무라고 할 것입니다. 생명나무와 선악과나무, 이 두 나무는 장차 하나님의 나라인 교회와 성도의 마음에 반드시 있어야 할 것입니다. 생명나무는 예수 그리스도의 십자가를, 선악과는 십계명을 상징하고 있습니다.

4. 에덴동산 안에서 사람의 역할은 무엇입니까?

여호와 하나님이 그 사람을 이끌어 에덴 동산에 두어 그것을 경작하며 지키게 하시고 [창 2:15]

하나님은 아담과 하와가 에덴동산에서 아무 일도 하지 않고 무위도식하며 지내도록 하지 않으셨습니다. 일을 통해서 복되고 의미 있는 삶을 누리도록 하셨습니다. 일이란 신성한 것이며 행복의 가장 중요한 조건이 되는 것입니다. 그러므로 하나님을 믿는 사람은 더욱 성실하게 주어진 일에 최선을 다하도록 노력하면서 얻어진 결과에 만족하고 감사할 때 복된 삶을 누리게 되는 것입니다. 하나님을 진실하게 믿는 성도는 가정에서나 일터에서나 하나님을 섬기는 데 있어서 성실하고 열심히 일하는 사람들입니다.

안식일을 기억하여 거룩하게 지키라 엿새 동안은 힘써 네 모든 일을 행할 것이나 일곱째 날은 네 하나님 여호와의 안식일인즉 너나 네 아들이나 네 딸이나 네 남종이나 네 여종이나 네 가축이나 네

문안에 머무는 객이라도 아무 일도 하지 말라 [출 20:8-10]
눈물을 흘리며 씨를 뿌리는 자는 기쁨으로 거두리로다 울며 씨를 뿌리러 나가는 자는 반드시 기쁨으로 그 곡식 단을 가지고 돌아오리로다 [시 126:5-6]
우리가 너희와 함께 있을 때에도 너희에게 명하기를 누구든지 일하기 싫어하거든 먹지도 말게 하라 하였더니 [살후 3:10]

셋째, 영원히 살도록 허락되었습니다

선악을 알게 하는 나무의 열매를 따먹지 않았다면 에덴동산에서 육신을 가지고 영원히 살 수 있었습니다.

넷째, 그러나 한 가지의 법을 주셨습니다. 즉 「선악을 알게 하는 나무의 열매를 먹지 말라, 먹는 날에는 반드시 죽으리라」라는 법입니다. 이 명령만 지키면 영원한 행복을 누리며 살 수 있게 되었습니다

선악을 알게 하는 나무의 열매는 먹지 말라 네가 먹는 날에는 반드시 죽으리라 하시니라 [창 2:17]

1. 왜 법을 주셨습니까?

1) 인간의 자유의지를 발휘할 기회를 허락하기 위해서입니다

하나님의 형상을 닮은 인간의 영은 자유의지가 있습니다. 자유의지란 하나님께서 인간에게 부여한 최대의 선물이며, 하나님과 자유롭게 인격적인 교제를 나눌 수 있는 능력입니다. 자유의지에는 하나님을 믿고 그분의 명령에 순종할 자유도 있으며, 또 하나님을 거절하고 그분의 명령을 거부할 자유도 있습니다. 자유의지가 없는 피조물은 무생물이나 식물이나 혹은 동물처럼 인격적인 교제나 사랑이 불가능합니다. 하나님은 인간과 인격적인 교제를 나누시기 위하여 인간에게 자유의지를 주셨습니다. 그러나 자유의지가 발휘될 기회가 없다면 이것도 자유스러운 결단에 의한 인격적인 관계라고 볼 수 없습니다. 그것은 하나님의 일방적인 요구이며 강압일 수밖에 없고 인격이 무시된 로봇이나 다름없는 존재가 되고 마는 것입니다. 법이 있음으로 인해서 그러한 자유의지를 발휘할 기회가 생기게 됩니다. 하나님은 인간이 자유의지에 따라 하나님을 기꺼이 섬기며 자유스럽고도 인격적인 관계를 진정으로 원하시기 때문에 자유의지를 허락하신 것입니다.

2) 하나님의 권위에 순종하는 것을 확인하기 위해서입니다

하나님은 선하시고 전지전능한 분이십니다. 인간을 만드시고 인간에게 무한한 은혜 속에서 영원무궁한 복된 삶을 주셨습니다. 이러한 하나님의 무한한 사랑과 은혜와 전능하심을 알 때 마땅히 하나님의 절대 권위에 순종해야 합니다. 자유로운 결정에 의해 절대 권위에 순복하는 것은 하나님의 전능하심과 사랑과 은혜에 대한 감사의 표시이며 하나님과 인격적인 교제를 나누려는 피조물의 마땅한 태도입니다.

3) 영원히 복된 삶을 누리도록 하기 위해서입니다

인간은 본래 영원한 복을 누리며 살도록 창조되었습니다. 인간이 이 세상에서 생로병사, 고뇌, 허무 등의 고통을 당하는 것은 하나님의 일차적인 뜻이 아닙니다. 하나님의 뜻은 에덴에서 인간이 영원한 복을 누리며 사는 것이었습니다. 그러한 복을 누리려면 하나님의 법에 순종해야 합니다. 하나님의 법에 순종하지 않고 영원한 복을 누릴 수가 없습니다. 그 법이 바로 '선악을 알게 하는 열매를 따먹지 말라'라는 은혜의 법인 것입니다. 불행히도 인간은 사탄의 유혹에 넘어가 하나님의 법을 어기고 영원한 복을 상실하고 말았습니다. 그러나 하나님은 다시 인간에게 이 영원한 복을 회복시키실 계획을 세우신 것입니다. 예수 그리스도를 믿고 그 안에서 살면서 '생명을 주는 성령의 원리'에 따라 살면 반드시 이 세상에서도 에덴의 행복을 회복할 수 있으며 영원한 하늘나라에서 완전한 영생복락을 누리게 될 것입니다.

1. 창 조

2. 법을 어길 때 왜 죽음과 영원한 고통을 받는 가혹한 형벌을 주십니까?

어떤 사람들은 사랑의 하나님께서 법을 어길 때 왜 영원한 형벌과 같은 가혹한 형벌을 주시는가 하고 생각하며 하나님의 사랑을 의심합니다. 그러면서 선악과를 만들지 않았더라면 이러한 비극은 없었을 것이 아닌가 하고 불평을 하기도 합니다.

인간적인 측면에서 이해되는 생각이나, 좀 더 냉정히 생각해 보겠습니다. 하나님께서 주신 이 법은 결코 지키기 어려운 법이 아니라 지극히 지키기가 쉬운 은혜로운 법이었습니다. 그 넓은 에덴동산 안에 아주 제한된 좁은 공간인 중앙에 있는 한 그루의 나무 열매를 먹지 말라는 것입니다. 그것도『무엇을 하라』가 아니라『하지 말라』라는 금지 계명입니다. 단지 하지 않기만 하면 되는 지극히 쉬운 명령입니다. 그렇게 쉬운 명령을 지키면 영생과 영원한 행복입니다. 하나님은 사랑이시며 공의이십니다. 사랑으로 영생과 영원한 행복을 주셨으면, 법을 어길 때 반대로 죽음과 영원한 형벌을 주시는 것은 공의에 합당합니다. 인간은 자유의지가 있으므로 법이 주어져야 하고, 법을 지킬 때 누리는 복에 상응해서 법을 어길 때 벌로 그만큼의 고통을 당하는 것은 당연합니다. 인간적인 상식만으로는 하나님의 뜻을 완전히 이해할 수는 없습니다. 궁극적으로는 하나님의 말씀을 믿음으로 받아들일 때만이 이해될 수 있습니다.

타 락

1. 그러나 인간은 애석하게도 사탄의 유혹을 받아 선악과를 따먹음으로 하나님의 명령을 어기고 말았습니다.
2. 그 결과 다음과 같은 비참한 상황에 처하게 되었습니다.

    첫째, 에덴동산에서 추방되어 고통과 허무 속에서 살 수밖에 없었습니다.

    둘째, 육과 혼과 영이 죄로 오염되고 본성이 심각하게 타락했으며 완전한 선을 행하여 구원을 얻을 수 있는 능력을 상실하고 말았습니다.

    셋째, 하나님의 영이 죄인 안에 거하실 수 없으므로 떠나시고, 하나님과의 친밀한 교제가 단절되어 영적으로 죽게 되었습니다. 그리고 육도 서서히 죽게 되었습니다.

    넷째, 사탄의 영이 인간 안에 들어와 인간을 지배하게 됨으로 인간은 사탄의 권세 아래 놓이게 된 것입니다.

    다섯째, 최후로 죽은 후 심판을 받아 영원한 지옥의 형벌을 받아야 할 운명에 놓이게 되었으며 타락한 모든 인간은 누구도 이 저주스러운 운명에서 벗어날 수가 없습니다.

제2편
본 론

여섯째, 인간은 이 저주스러운 운명에서 벗어나 구원을 얻기 위하여 선행, 수도, 종교, 철학, 과학 등의 여러 가지 방법으로 노력을 하고 있습니다. 그러나 인간의 어떠한 방법으로는 결코 자신을 구원할 수 없습니다.

그 이유를 간단히 종합하면 인간은 스스로 죄의 문제를 해결할 수 없고, 또 사령을 쫓아내고 성령을 모셔 들일 수가 없기 때문입니다.

2. 타락

01

그러나 인간은 애석하게도 사탄의 유혹을 받아 선악과를 따 먹음으로 하나님의 명령을 어기고 말았습니다

그런데 뱀은 여호와 하나님이 지으신 들짐승 중에 가장 간교하니라 뱀이 여자에게 물어 이르되 하나님이 참으로 너희에게 동산 모든 나무의 열매를 먹지 말라 하시더냐 여자가 뱀에게 말하되 동산 나무의 열매를 우리가 먹을 수 있으나 동산 중앙에 있는 나무의 열매는 하나님의 말씀에 너희는 먹지도 말고 만지지도 말라 너희가 죽을까 하노라 하셨느니라 뱀이 여자에게 이르되 너희가 결코 죽지 아니하리라 너희가 그것을 먹는 날에는 너희 눈이 밝아져 하나님과 같이 되어 선악을 알 줄 하나님이 아심이니라 여자가 그 나무를 본즉 먹음직도 하고 보암직도 하고 지혜롭게 할 만큼 탐스럽기도 한 나무인지라 여자가 그 열매를 따먹고 자기와 함께 있는 남편에게도 주매 그도 먹은지라 이에 그들의 눈이 밝아져 자기들이 벗은 줄을 알고 무화과나무 잎을 엮어 치마로 삼았더라 [창 3:1-7]

제2편 본론

1. 사탄은 타락한 천사(사14:12-15, 참고, 겔28:13-17)

1) 사탄의 이름

너 아침의 아들 계명성이여 어찌 그리 하늘에서 떨어졌으며 너 열국을 엎은 자여 어찌 그리 땅에 찍혔는고 [사 14:12]

'계명성'은 킹 제임스 역에는 루시퍼(Lucifer)라고 번역되어 있습니다. 계명성이 바로 사탄이며 모든 악한 영들의 두목입니다. 보통 '사탄'(눅10:18)이라고 부릅니다.

사탄의 다른 이름들로는 마귀(마4:1), 옛 뱀, 큰 용(계12:9), 세상신(고후4:4, 요일5:19), 세상의 왕(요12:31), 악한 자(마6:13), 공중의 권세 잡은 자(엡2:2) 등이 있습니다. 사탄이라는 명칭은 '대적자, 훼방자'라는 뜻입니다. 즉, 하나님을 대적하고 성도를 훼방하는 악한 일을 합니다. 마귀라는 이름은 사탄의 다른 명칭으로 가장 많이 쓰이고 있으며 그 뜻은 '고소자, 중상하는 자, 속이는 자'라는 뜻입니다.

사탄은 그들의 왕국을 형성하고 있으며 추종하는 많은 무리를 가지고 있습니다(마12:2-26, 마25:41, 계12:9). 그들의 목적은 하나님을 대적하고 인간으로 하여금 죄를 짓게 하여 불행과 멸망으로 이끄는 일을 합니다. 그중 귀신의 무리는 주로 인간의 육신에 침투하여 병을 일으키기도 하고 이성과 감정과 의지를 장악하여 정신이상과 착란을 일으키기도 합니다(마8:16, 눅4:40-41, 마5:1-3).

2. 타 락

2) 사탄의 최초 상태

사탄은 본래 천사였습니다. 아름답고 지혜롭고 영화로우며 완전한 존재였습니다. 하나님의 사랑과 신뢰를 받는 천사였습니다. 사탄은 많은 무리의 천사를 이끄는 우두머리였습니다. 아마 미가엘, 가브리엘, 그리고 계명성(루시퍼)이 세 무리의 천군을 이끄는 천사장들이 아니었나 추측이 됩니다. 그 세 천사장 중에서도 가장 뛰어난 천사장이 바로 계명성이었을 가능성이 높습니다. 이 계명성이 타락하여 사탄이 된 것입니다.

네가 지음을 받던 날로부터 네 모든 길에 완전하더니 마침내 네게서 불의가 드러났도다 [겔 28:15]
네가 아름다우므로 마음이 교만하였으며 네가 영화로우므로 네 지혜를 더럽혔음이여 내가 너를 땅에 던져 왕들 앞에 두어 그들의 구경거리가 되게 하였도다 [겔 28:17]

3) 사탄의 타락

네 무역이 많으므로 네 가운데에 강포가 가득하여 네가 범죄하였도다 너 지키는 그룹아 그러므로 내가 너를 더럽게 여겨 하나님의 산에서 쫓아냈고 불타는 돌들 사이에서 멸하였도다 [겔 28:16]
가장 높은 구름에 올라가 지극히 높은 이와 같아지리라 하는도다
[사 14:14]

제2편
본 론

그룹은 천사의 명칭 중의 하나입니다. 이것으로 볼 때 사탄은 본래 천사였음이 틀림없습니다. 그러한 아름답고 지혜롭고 뛰어난 천사가 하나님보다 높아지려는 교만 때문에 결국 하나님을 대적하게 되었고 악한 존재로 전락하고 만 것입니다. 이 사탄이 인간을 유혹하여 타락하게 하고 하나님의 창조질서를 어지럽히는 일을 계속하고 있습니다. 이 세상에서 각종 죄악과 악한 일들을 야기하여 인간을 고통과 불화와 불행 속으로 빠뜨리며 결국은 영원한 지옥의 고통으로 떨어지게 하는 것도 사탄 마귀에 의한 것입니다. 영적 세계의 보이지 않는 사건이기 때문에 확인할 길이 없지만 하나님의 말씀인 성경은 사탄과 악한 영들의 활동에 관하여 분명히 기록하고 있습니다. 성도는 이러한 마귀의 속임수를 확실히 알고 대적하여 하나님께서 주신 참된 행복과 영원한 생명을 찾아 누리는 자들이 되어야 할 것입니다.

2. 사탄은 각종 사물을 이용하여 유혹함

사탄 마귀는 마치 사기꾼이나 간첩의 정체가 탄로 나는 것을 두려워하듯이 그 정체가 드러나는 것을 가장 두려워합니다. 그 정체만 알면 성도는 말씀으로 마귀를 대적하여 승리할 수 있습니다. 나를 알고 적을 알면 백 번 싸워도 위태롭지 않다고 합니다(고후 2:11). 사탄이 인간을 미혹하고 우리 안에서 역사하는 방법과 이기는 방법 등

2. 타락

을 살펴보겠습니다.

사탄은 영이기 때문에 눈에 보이지 않습니다. 사탄은 반드시 어떠한 이용물을 가지고 악한 목적을 달성합니다. 사탄이 인간을 미혹하기 위해 이용한 첫 번째 사물이 바로 뱀이었습니다. 뱀은 이후로 사탄 마귀의 상징으로 표현되고 있습니다.

뱀은 인간과 매우 친밀했으며, 또 지혜로운 동물이었습니다(창3:1).

그런데 뱀은 여호와 하나님이 지으신 들짐승 중에 가장 간교하니라 뱀이 여자에게 물어 이르되 하나님이 참으로 너희에게 동산 모든 나무의 열매를 먹지 말라 하시더냐 [창 3:1]

뱀이 '간교하다'는 말은 원문에 '지혜롭다'라는 의미입니다. 사탄은 하나님의 창조물 중 가장 위대한 인간을 타락시키기 위해서 인간과 가장 친밀하고 지혜로운 뱀을 이용하여 유혹한 것입니다. 이것은 지금도 사탄이 인간을 유혹하는 가장 강력한 방법입니다.

1) 가장 친밀한 것을 이용합니다

베드로는 예수님의 수제자로서 그의 신앙고백은 예수님으로부터 극찬을 받았습니다. 그러나 그는 예수님에게서 주님의 고난과 죽으심에 대한 말씀을 듣자 인정으로 그것을 저지하려 했습니다(마 16:15-22). 이때 예수님은 베드로를 '사탄'이라고 하시며 책망을 하셨습니다. 가룟 유다도 사탄의 도구가 되어 예수님을 배반하고 팔아

넘기는 사악한 일을 하였습니다(요6:70, 13:2, 27). 사탄은 이렇게 친밀한 사람을 이용하며, 심지어 충성스러운 사람까지도 이용해 교묘하게 사악한 목적을 달성하려 합니다.

> 예수께서 돌이키시며 베드로에게 이르시되 사탄아 내 뒤로 물러 가라 너는 나를 넘어지게 하는 자로다 네가 하나님의 일을 생각하지 아니하고 도리어 사람의 일을 생각하는도다 하시고 [마 16:23]
> 예수께서 대답하시되 내가 너희 열둘을 택하지 아니하였느냐 그러나 너희 중의 한 사람은 마귀니라 하시니 [요 6:70]

2) 가장 지혜로운 것을 이용합니다

사도시대에도 이미 거짓 사도들이 나타나 성도를 미혹하고 있었습니다. 거짓 사도들도 자신들은 참 사도라고 주장했습니다. 그들은 오히려 참 사도인 바울 사도를 사도가 아니라고 비난했으며 바울 사도가 전한 복음을 부인하였습니다. 바울 사도는 그러한 자들을 거짓 사도·궤휼의 역군·그리스도의 사도로 가장한 자들·광명의 천사로 가장한 자들·사탄의 일꾼이라고 말하고 있습니다. 이처럼 사탄은 지혜로운 모습을 한 하나님의 일꾼으로 나타나 성도를 미혹합니다.

> 그런 사람들은 거짓 사도요 속이는 일꾼이니 자기를 그리스도의 사도로 가장하는 자들이니라 이것은 이상한 일이 아니니라 사탄도 자기를 광명의 천사로 가장하나니 그러므로 사탄의 일꾼들도

2. 타락

자기를 의의 일꾼으로 가장하는 것이 또한 대단한 일이 아니니라 그들의 마지막은 그 행위대로 되리라 [고후 11:13-15]
[참고 고후 11:3-4]

사도들이 살아 있었던 시대에도 거짓 사도들이 광명의 천사와 같이 나타나 성도들을 미혹했는데, 사도들이 세상을 떠난 지 거의 2천년이 지난 지금 얼마나 많은 거짓 선지자·거짓 선생들이 많은 학식을 가진 지혜로운 모습으로 나타나 사람들을 미혹하겠습니까? 유구한 역사·많은 신도 수·큰 세력·기사·이적의 나타남 등이 있다고 그 교회나 교파에 참된 구원의 진리가 있는 것이 아닙니다. 오직 하나님의 말씀에 의거해서 구원에 관한 도리에 있어서 참과 거짓을 분별해야 할 것입니다. 구원을 사모하는 사람들은 이 점을 깊이 명심해야 합니다.

3. 사탄의 궁극적인 목적

1) 하나님 명령을 어기게 합니다
(1) 하나님의 명령

선악을 알게 하는 나무의 열매는 먹지 말라 네가 먹는 날에는 반드시 죽으리라 하시니라 [창 2:17]

제2편
본론

(2) 사탄의 말

뱀이 여자에게 이르되 너희가 결코 죽지 아니하리라 너희가 그것을 먹는 날에는 너희 눈이 밝아져 하나님과 같이 되어 선악을 알 줄 하나님이 아심이니라 [창 3:4-5]

하나님의 명령과 사탄의 말을 비교해 보십시오. 완전 반대입니다. 그럼에도 불구하고 하와는 하나님의 명령보다 사탄의 말을 더욱 신뢰하여 선악과를 따먹고 하나님의 말씀을 어겼습니다. 하나님은 "먹는 날에는 반드시 죽으리라"라고 하시며 아무런 이유를 설명하지 않았습니다. 하지만 사탄은 "결코 죽지 아니하리라"라고 하며 그 이유를 제시하여 하나님과 완전히 반대인 말을 믿도록 하였습니다. 하나님의 명령과 사탄의 말은 완전히 반대였지만 그럴듯한 논리로 그 반대의 결론을 믿도록 한 것입니다. 이것이 마귀의 무서운 계략입니다. 이러한 일들은 오늘날 하나님을 믿는다고 하는 사람들에게도 흔하게 일어나는 현상입니다. 원형의 구원복음이 아닌 신학이론에 미혹되어 하나님의 말씀을 순종하지 않는 경우가 얼마나 많습니까? 거듭난 성도들은 결코 하나님의 말씀을 어기는 일이 없도록 힘써야 할 것입니다. 보이지 않는 사탄의 유혹을 이기는 길은 설혹 이해가 되지 않더라도 오직 하나님의 말씀을 믿고 절대 순종하는 길밖에는 없습니다. 특히 구원에 있어서 가장 중요한 원형의 구원복음은 더욱 그렇습니다.

2. 타락

2) 인간을 미혹하여 예수님을 믿지 못하도록 합니다

사탄은 어떠한 방법으로든 예수님을 믿지 못하게 하여 구원을 받지 못하게 합니다. 설혹 믿는다 하더라도 말씀을 올바로 순종하지 못하도록 하여 구원을 받지 못하게 합니다. 이것이 사탄 마귀의 최종 목표입니다.

> 근신하라 깨어라 너희 대적 마귀가 우는 사자 같이 두루 다니며 삼킬 자를 찾나니 [벧전 5:8]

3) 인간의 삶을 불행하게 합니다

> 도둑이 오는 것은 도둑질하고 죽이고 멸망시키려는 것뿐이요 내가 온 것은 양으로 생명을 얻게 하고 더 풍성히 얻게 하려는 것이라
> [요 10:10]

도둑은 사탄 마귀를 상징하고 있습니다. 예수님은 '양으로 생명을 얻게 하고 더 풍성히 얻게 하기 위해서' 오셨지만 마귀는 와서 인간의 영적 삶과 세상에서의 삶과 영생복락의 삶을 도둑질하고 죽이고 멸망케 하는 일을 하고 있습니다. 마귀는 인간의 타락된 욕망을 부추기어 죄를 짓게 하여 인간을 불행에 빠뜨리고 있습니다. 인간의 모든 불행의 배후에는 보이지 않는 악한 영의 세력인 마귀가 있습니다. 질병·불화·불안·싸움·살인·전쟁 등 인간을 불행으로 몰고 가

는 모든 악한 일들의 대부분이 사악한 마귀의 역사입니다. 인간은 마귀에게 속고 있으며 마귀의 유혹에 의해 육신의 정욕을 따라 살면서 참 행복을 빼앗기고 결국 영원한 고통을 당하게 됩니다.

4) 궁극적으로 인간을 멸망케 합니다

또 왼편에 있는 자들에게 이르시되 저주를 받은 자들아 나를 떠나 마귀와 그 사자들을 위하여 예비된 영원한 불에 들어가라 [마 25:41]

지옥은 인간을 벌하기 위해 만들어진 장소가 아니라 마귀를 벌하려고 만들어진 장소입니다. 그러나 인간은 하나님을 따르지 않고 마귀의 유혹을 따라 살므로 마귀가 가는 곳인 지옥에 따라 가게 되는 것입니다.

4. 사탄이 인간을 미혹하는 방법이 무엇일까요?

1) 세상의 부귀영화와 쾌락으로

사탄이 인간을 미혹하는 가장 보편적인 방법입니다. 사탄은 인간의 타락된 욕망, 즉 이기심과 쾌락과 물질 추구 욕망을 자극하여 그것들에 빠져 살게 하도록 합니다. 그리고 부도덕한 삶과 죄악 중의 낙을 누리도록 끊임없이 몰아가고 있습니다.

2. 타락

사탄 마귀는 아담을 미혹할 때, 심지어 죄 없으신 예수님을 시험할 때도 같은 방법을 사용했으며 지금도 성도들에게 같은 방법으로 미혹을 하고 있습니다.

마귀가 또 그를 데리고 지극히 높은 산으로 가서 천하만국과 그 영광을 보여 이르되 만일 내게 엎드려 경배하면 이 모든 것을 네게 주리라 이에 예수께서 말씀하시되 사탄아 물러가라 기록되었으되 주 너의 하나님께 경배하고 다만 그를 섬기라 하였느니라 [마 4:8-10] 이는 세상에 있는 모든 것이 육신의 정욕과 안목의 정욕과 이생의 자랑이니 다 아버지께로부터 온 것이 아니요 세상으로부터 온 것이라 [요일 2:16]

2) 시기질투, 미움과 원망, 분노를 일으켜서

마귀는 인간의 마음에 시기질투를 일으키고, 미움과 원망을 심어주고, 분노의 감정을 자극하여 인간을 불행과 고통에 빠지게 합니다. 이러한 것들을 통하여 인격을 파괴하고 인간관계를 파괴하고 가정을 파괴합니다.

그러나 너희 마음속에 독한 시기와 다툼이 있으면 자랑하지 말라 진리를 거슬러 거짓말하지 말라 이러한 지혜는 위로부터 내려온 것이 아니요 땅 위의 것이요 정욕의 것이요 귀신의 것이니 시기와 다툼이 있는 곳에는 혼란과 모든 악한 일이 있음이라 [약 3:14-16]

> 분을 내어도 죄를 짓지 말며 해가 지도록 분을 품지 말고 마귀에게 틈을 주지 말라 [엡 4:26-27]

그러므로 마귀를 이기는 길은 예수 그리스도의 십자가 사랑을 의지하여 용서하고 인내하고 사랑하는 길밖에는 없습니다. 이것은 마귀에게 빼앗긴 행복을 회복하는 가장 중요한 요소입니다.

3) 거짓 신, 우상을 믿게 함으로

가장 광범위하게 인간을 미혹하는 방법 중의 하나입니다. 인간의 종교심을 왜곡하여 우상을 하나님으로 대치하여 섬기도록 합니다.

> 썩어지지 아니하는 하나님의 영광을 썩어질 사람과 새와 짐승과 기어다니는 동물 모양의 우상으로 바꾸었느니라 [롬 1:23]
> 사람마다 어리석고 무식하도다 은장이마다 자기의 조각한 신상으로 말미암아 수치를 당하나니 이는 그가 부어 만든 우상은 거짓 것이요 그 속에 생기가 없음이라 그것들은 헛 것이요 망령되이 만든 것인즉 징벌하실 때에 멸망할 것이나 [렘 10:14-15]

4) 기사이적을 보임으로

사탄은 기사이적을 행함으로 자신의 존재를 과시하여 하나님을 믿지 못하도록 합니다. 무속신앙이나 기타 여러 종교에서도 이러한 신비한 현상이 있습니다. 특히 비 진리를 전하는 예수 믿는 사람들 중에 이러한 기사이적을 행하는 사람들을 이용하여 사탄은 사람들을 미혹합니다. 진리를 알지 못하는 사람들은 기사이적을 보면 아무런 검토 없이 무조건 믿어버리는 경향이 있습니다. 이것은 구원을 사모하며 진리를 추구하는 사람들에게 있어서는 매우 어리석고 위험한 일입니다.

> 악한 자의 나타남은 사탄의 활동을 따라 모든 능력과 표적과 거짓 기적과 불의의 모든 속임으로 멸망하는 자들에게 있으리니 이는 그들이 진리의 사랑을 받지 아니하여 구원함을 받지 못함이라
> [살후 2:9,10]
> 거짓 그리스도들과 거짓 선지자들이 일어나 큰 표적과 기사를 보여 할 수만 있으면 택하신 자들도 미혹하리라 [마 24:24]

5) 말씀을 임의로 변경하게 하거나 어기게 함으로

사탄은 신학자나 교회 지도자를 이용하여 하나님의 말씀을 가감하거나 변경된 신학·가르침·제도 등을 만들어 수많은 사람들을 믿고 따르게 합니다. 그러한 신학자나 교회 지도자 자신들도 사탄에게 이용되고 있다고 생각지 않을 것입니다. 그러나 구원의 진리를 왜곡했다면 결국 사탄의 도구가 된 것입니다. 무지한 신도들은 성경을 잘 알지 못하기 때문에 그들을 무조건 믿고 따르게 됩니다. 사도시대에도 벌써 이러한 거짓 지도자들이 나와서 성도들을 미혹했습니다. 만일 구원의 진리가 예수님의 분부와 사도들의 가르침 및 실천과 같지

제2편
본 론

않은 것을 가르친다면 그는 맹인 된 지도자며 이를 따르는 신도들은 맹인이 되는 것입니다. 예수님께서 맹인이 맹인을 인도하면 둘 다 구덩이에 빠진다고 했습니다.

> 그냥 두라 그들은 맹인이 되어 맹인을 인도하는 자로다 만일 맹인이 맹인을 인도하면 둘이 다 구덩이에 빠지리라 하시니 [마 15:14]
> 그리스도의 은혜로 너희를 부르신 이를 이같이 속히 떠나 다른 복음을 따르는 것을 내가 이상하게 여기노라 다른 복음은 없나니 다만 어떤 사람들이 너희를 교란하여 그리스도의 복음을 변하게 하려 함이라 그러나 우리나 혹은 하늘로부터 온 천사라도 우리가 너희에게 전한 복음 외에 다른 복음을 전하면 저주를 받을지어다 우리가 전에 말하였거니와 내가 지금 다시 말하노니 만일 누구든지 너희가 받은 것 외에 다른 복음을 전하면 저주를 받을지어다
> [갈 1:6-9]
> 내가 이 두루마리의 예언의 말씀을 듣는 모든 사람에게 증언하노니 만일 누구든지 이것들 외에 더하면 하나님이 이 두루마리에 기록된 재앙들을 그에게 더하실 것이요 만일 누구든지 이 두루마리의 예언의 말씀에서 제하여 버리면 하나님이 이 두루마리에 기록된 생명나무와 및 거룩한 성에 참여함을 제하여 버리시리라
> [계 22:18-19]

하나님의 말씀을 가감하고 변경하는 일은 대부분 역사적으로 거대

2. 타락

한 교파의 유명한 신학자들에 의해서 자행되어 왔습니다. 하나님의 말씀을 가감하거나 변경하여 믿고 순종하면 구원을 받을 수 없습니다. 구원받기를 원하는 사람들은 예수님께서 가르쳐 주셨고 사도들이 믿고 순종했던 그 믿음과 순종을 기준과 목표로 삼아 믿고 순종해야 할 것입니다. 구원을 사모하는 사람이라면 당연하지 않습니까?

2천 년을 흘러오면서 끊임없이 가감·변경된 신학은 구원에 있어서 매우 위험한 것입니다. 교파의 역사가 유구하고 많은 사람이 믿는다고 검토 없이 안심하고 믿고 따르다가 만일 마지막 심판대에서 버림을 받아 지옥으로 가게 된다면 얼마나 애통할 일입니까? 예수님은 믿는다고 해서 다 구원을 받는 것이 아니라고 하셨으며 무조건 큰 교파의 지도자를 따르게 되면 멸망을 당한다고 말씀하고 있습니다.

> 나더러 주여 주여 하는 자마다 다 천국에 들어갈 것이 아니요 다만 하늘에 계신 내 아버지의 뜻대로 행하는 자라야 들어가리라 그 날에 많은 사람이 나더러 이르되 주여 주여 우리가 주의 이름으로 선지자 노릇 하며 주의 이름으로 귀신을 쫓아 내며 주의 이름으로 많은 권능을 행하지 아니하였나이까 하리니 그 때에 내가 그들에게 밝히 말하되 내가 너희를 도무지 알지 못하니 불법을 행하는 자들아 내게서 떠나가라 하리라 [마 7:21-23]

5. 사람 안에서 역사하는 사탄의 방법

1) 견고한 진을 형성합니다

우리가 육신으로 행하나 육신에 따라 싸우지 아니하노니 우리의 싸우는 무기는 육신에 속한 것이 아니요 오직 어떤 견고한 진도 무너뜨리는 하나님의 능력이라 모든 이론을 무너뜨리며 하나님 아는 것을 대적하여 높아진 것을 다 무너뜨리고 모든 생각을 사로잡아 그리스도에게 복종하게 하니 [고후 10:3-5]

'견고한 진'이란 하나님을 대적하는 악한 사상과 생각이 신념화된 것입니다. 이러한 것으로는 무신론 사상, 물질만능주의·쾌락주의·각종 종교사상·잘못된 신학사상·이기주의·아집 등이 있습니다.

2) 쓴 뿌리가 나게 합니다

너희는 하나님의 은혜에 이르지 못하는 자가 없도록 하고 또 쓴 뿌리가 나서 괴롭게 하여 많은 사람이 이로 말미암아 더럽게 되지 않게 하며 음행하는 자와 혹 한 그릇 음식을 위하여 장자의 명분을 판 에서와 같이 망령된 자가 없도록 살피라 [히 12:15-16]

'쓴 뿌리'란 악한 욕망과 습관이 인격화된 것입니다. 이러한 것으로는 음란한 습관·미움·시기질투·분노·알코올중독·마약중독·컴퓨터중독 등이 있습니다.

　이러한 '견고한 진'과 '쓴 뿌리'는 부모에게서 받은 기질적인 것과 가정이나 가문의 전통 및 환경과 교육에 의해 만들어지게 됩니다. 마귀는 인간을 불행과 고통에 빠뜨리고 멸망시키기 위하여 인간 안에서 이러한 방법으로 교묘하게 역사하고 있습니다. 거듭난 성도들은 이러한 마귀의 궤계를 간파하여 생각 속에 있는 견고한 진들을 파하고 마음속에 있는 쓴 뿌리를 말씀과 성령의 능력으로 뽑아내야 할 것입니다. 이것은 매우 어려운 일입니다. 견고한 진을 파하고 쓴 뿌리를 뽑아낼 때 참 평안과 복되고 풍성한 삶을 누릴 수 있는 것입니다.

6. 사탄을 이기는 방법

　사탄은 인간보다 능력이 뛰어난 영적 존재입니다. 그러나 그 능력은 하나님의 허락 안에서 제한을 받고 있습니다(욥1:6-12, 2:6).
　마귀는 인간을 유혹하여 타락하게 함으로 인간 안에 죄성을 갖게 하였고 그 죄성이 대대로 유전되게 하였습니다. 그리고 모든 인간을 죄인 되게 했으며 사탄의 권세 아래 놓이게 했습니다. 인간은 자유의지에 따라 누구의 말을 순종하는가에 의해 순종하는 자에게 속하

제2편
본 론

게 됩니다. 하나님의 말씀에 순종하면 하나님께 속한 자로서 하나님의 권세 아래 놓이게 되며, 사탄의 말에 순종하면 사탄에 속한 자로서 사탄의 권세 아래 놓이게 됩니다(요일 3:8, 행 26:18, 골 1:13). 아담과 하와가 하나님의 말씀을 순종하지 않고 사탄의 말을 순종하여 죄를 짓게 됨으로 사탄에 속하여 사탄의 권세 아래서 사탄의 지배를 받는 존재가 된 것입니다. 죄성이 있고 죄를 짓게 된 인간은 모두가 죄인이 되었으며 따라서 누구도 사탄의 권세에서 해방될 수 없습니다. 이것이 인간의 비극적 운명입니다.

그러나 예수님께서 인간의 모든 죄를 지시고 십자가에 죽으심으로 대속을 하셨습니다. 예수님께서 십자가에서 인간의 죄와 질병과 모든 불행의 저주를 다 짊어지시고 죽으셨습니다. 그리고 부활하심으로 말미암아 승리하시고 사탄의 권세를 폐하시고 무력화하셨습니다(골2:14-15). 그 결과 죄를 통하여 인간을 지배하며 행사했던 사탄의 모든 권리가 박탈당했으며(요일3:8, 히2:14), 인간은 누구나 예수 그리스도를 통하여 사탄의 권세에서 하나님의 권세 아래로 돌아와 죄에서 해방되고 복되고 풍성한 삶을 살 수 있게 되었습니다(행 26:18, 골1:13, 요10:10, 사53:4-5, 마8:16-17). 그럼에도 불구하고 인간은 그 사실을 알지 못하여 여전히 사탄의 권세 아래서 저주받은 생활을 계속하고 있습니다. 심지어 사탄의 권세에서 해방된 거듭난 성도까지도 영적 세계의 무지 때문에 사탄의 공격을 방어하지 못하고 미혹되어 고통과 불행 속에서 살아가거나 심지어 구원을 포기한 경우도 있습니다. 인간의 모든 불행의 원인이, 인간의 타락한 욕망에서 처음 기인되기는 하나, 거의 절대적으로 인간 배후에서 보이지 않게 역사하는 사탄에게 있다는 사실을 알아야 합니다.

거듭난 성도는 사탄의 권세에서 해방되었으므로 더 이상 사탄에게 속아 예수 그리스도 안에서 주어진 참된 자유와 평안과 행복과 영생 복락을 상실하는 일이 없어야 할 것입니다. 그러기 위해서는 보이지 않는 사탄의 공격을 효과적으로 막아내기 위한 방법을 알아야 할 것입니다.

1) 예수 그리스도의 십자가 승리를 믿어야 합니다

예수께서 십자가에서 인간의 죄를 대속하시어 죄의 값을 청산하심으로 승리하시고 마귀의 권세를 폐하셨습니다.

> 죄를 짓는 자는 마귀에게 속하나니 마귀는 처음부터 범죄함이라 하나님의 아들이 나타나신 것은 마귀의 일을 멸하려 하심이라
> [요일 3:8]
> 자녀들은 혈과 육에 속하였으매 그도 또한 같은 모양으로 혈과 육을 함께 지니심은 죽음을 통하여 죽음의 세력을 잡은 자 곧 마귀를 멸하시며 [히 2:14]

마귀는 인간을 합법적으로 지배할 권세를 상실했으며 예수를 믿고 침례를 받기만 하면 인간은 누구나 값없이 은혜로 마귀의 권세에서 벗어나 하나님의 권세로 돌아올 수가 있습니다. 따라서 마귀는 더

이상 거듭난 성도를 해할 어떠한 권세도 없습니다. 이것을 굳게 믿고 믿음으로 마귀를 대적하면 성도는 하나님께서 허락하신 복된 삶을 회복하여 누릴 수 있습니다.

그럼에도 마귀는 거듭난 성도들을 속이고 미혹하여서 다시 사탄의 불법적인 권세 아래로 끌어들이기 위해 온갖 궤계를 다 쓰고 있습니다.

> 통치자들과 권세들을 무력화하여 드러내어 구경거리로 삼으시고 십자가로 그들을 이기셨느니라 [골 2:15-16]
> 근신하라 깨어라 너희 대적 마귀가 우는 사자 같이 두루 다니며 삼킬 자를 찾나니 너희는 믿음을 굳건하게 하여 그를 대적하라 이는 세상에 있는 너희 형제들도 동일한 고난을 당하는 줄을 앎이라 [벧전 5:8-9]

2) 십계명을 굳게 세우고 십자가의 보혈을 의지하여야 합니다

마귀는 성도로 하여금 죄를 짓도록 유혹해 놓고 죄를 짓게 되면 하나님께 성도를 고소합니다. 그리고 죄를 해결하지 못하도록 하며 죄로 인해 고통을 자초하게 만듭니다. 죄가 있는 곳에 마귀는 강하게 역사하며 인간을 불행과 멸망에 빠뜨리게 합니다. 따라서 성결하고 깨끗한 생활은 마귀를 물리치는 가장 중요한 요소입니다.

그러므로 성도는 죄를 짓지 않도록 십계명을 굳게 세우고 지키기를 힘써야 하며, 십계명을 범하여 죄를 짓게 될 경우, 즉시 십자가의

2. 타 락

보혈을 의지하여 죄를 자백하고 회개하면 마귀는 성도를 해할 어떠한 방법도 없게 됩니다. 그러나 죄에 대한 자생적 보응은 따르게 되며, 회개의 정도에 따라 죄에 대한 보응은 감해질 수도 있습니다. 십계명을 굳게 세우고 지키려는 노력과 십자가의 보혈을 의지하여 자백과 회개를 하는 성도가 진정으로 성결하고 깨끗하고 거룩한 성도이며 마귀의 공격을 막고 승리하는 자입니다.

> 큰 용이 내쫓기니 옛 뱀 곧 마귀라고도 하고 사탄이라고도 하며 온 천하를 꾀는 자라 그가 땅으로 내쫓기니 그의 사자들도 그와 함께 내쫓기니라 내가 또 들으니 하늘에 큰 음성이 있어 이르되 이제 우리 하나님의 구원과 능력과 나라와 또 그의 그리스도의 권세가 나타났으니 우리 형제들을 참소하던 자 곧 우리 하나님 앞에서 밤낮 참소하던 자가 쫓겨났고 또 우리 형제들이 어린 양의 피와 자기들이 증언하는 말씀으로써 그를 이겼으니 그들은 죽기까지 자기들의 생명을 아끼지 아니하였도다 [계 12:9-11]
> 용이 여자에게 분노하여 돌아가서 그 여자의 남은 자손 곧 하나님의 계명을 지키며 예수의 증거를 가진 자들과 더불어 싸우려고 바다 모래 위에 서 있더라 [계 12:17]
> 성도들의 인내가 여기 있나니 그들은 하나님의 계명과 예수에 대한 믿음을 지키는 자니라 [계 14:12]

3) 말씀에 철저히 순종해야 합니다

마귀는 보이지 않는 영적 존재입니다. 마귀는 인간 안에서 그리고 주위에서 끊임없이 성도를 엿보며 공격을 하고 있습니다.

마귀가 벌써 시몬의 아들 가룟 유다의 마음에 예수를 팔려는 생각을 넣었더라 [요 13:2]
조각을 받은 후 곧 사탄이 그 속에 들어간지라 이에 예수께서 유다에게 이르시되 네가 하는 일을 속히 하라 하시니 [요 13:27]
열둘 중의 하나인 가룟인이라 부르는 유다에게 사탄이 들어가니 [눅 22:3]
베드로가 이르되 아나니아야 어찌하여 사탄이 네 마음에 가득하여 네가 성령을 속이고 땅 값 얼마를 감추었느냐 [행 5:3]

마귀와의 싸움은 혈과 육에 대한 것이 아닙니다. 보이지 않는 악한 영들과의 싸움은 인간의 지혜와 힘과 능력으로 싸워 이길 수 있는 것이 아닙니다. 인간적인 방법을 의지하면 백전백패입니다.

마귀의 간계를 능히 대적하기 위하여 하나님의 전신 갑주를 입으라 우리의 씨름은 혈과 육을 상대하는 것이 아니요 통치자들과 권세들과 이 어둠의 세상 주관자들과 하늘에 있는 악의 영들을 상대함이라 [엡 6:11-12]

보이지 않는 마귀를 이기는 비결은 오직 하나님의 말씀을 믿고 순종하는 길밖에는 없습니다. 예수님께서도 마귀가 시험할 때 하나님의 말씀으로 대적하여 마귀를 물리치셨습니다(마4:3-11).

> 그런즉 너희는 하나님께 복종할지어다 마귀를 대적하라 그리하면 너희를 피하리라 [약 4:7]

4) 기도해야 합니다

기도는 인간을 죄와 고통과 불행에 빠뜨리는 마귀를 물리치는 강력한 무기입니다. 기도를 통해서 성령의 충만함을 받고 영적 능력을 갖게 되는 것입니다. 기도하지 않으면 마귀가 쉽게 성도들을 공격할 수 있고 성도는 마귀의 공격을 효과적으로 방어할 수가 없습니다. 따라서 마귀의 공격과 유혹을 효과적으로 대적하기 위해서는 쉬지 말고 간절히 기도해야 합니다.

> 집에 들어가시매 제자들이 조용히 묻자오되 우리는 어찌하여 능히 그 귀신을 쫓아내지 못하였나이까 이르시되 기도 외에 다른 것으로는 이런 종류가 나갈 수 없느니라 하시니라 [막 9:28-29]

5) 사랑해야 합니다

마귀는 시기질투, 미움과 원망, 분노를 유발시켜 개인의 인격과 인간관계를 파괴하여 불화와 분쟁과 갈등을 일으키고 인간을 심각한 불행에 빠뜨리고 있습니다. 가인이 아벨을 시기하여 죽이게 한 것이나 사울이 다윗을 시기하여 죽이려 한 것은 마귀가 그들에게 시기와 미움을 일으켜 저지르게 한 것입니다(창4:1-9, 삼상18:6-11). 성도의 마음속에 시기질투, 미움과 원망, 분노가 쉽게 일어나거나 지속적으로 자리를 잡고 있다면 이는 마귀에게 틈을 주고 있는 것이며 용서하지 못하고 있다면 속고 있는 것입니다.

따라서 마귀를 이길 수 있는 유일한 길은 원수를 용서하고 위해서 기도하고 축복하고 사랑하는 것입니다.

> 그러나 너희 마음 속에 독한 시기와 다툼이 있으면 자랑하지 말라 진리를 거슬러 거짓말하지 말라 이러한 지혜는 위로부터 내려온 것이 아니요 땅 위의 것이요 정욕의 것이요 귀신의 것이니 시기와 다툼이 있는 곳에는 혼란과 모든 악한 일이 있음이라 [약 3:14-16]
>
> 너희는 너희 아비 마귀에게서 났으니 너희 아비의 욕심대로 너희도 행하고자 하느니라 그는 처음부터 살인한 자요 진리가 그 속에 없으므로 진리에 서지 못하고 거짓을 말할 때마다 제 것으로 말하나니 이는 그가 거짓말쟁이요 거짓의 아비가 되었음이라 [요 8:44]
>
> 분을 내어도 죄를 짓지 말며 해가 지도록 분을 품지 말고 마귀에게 틈을 주지 말라 [엡 4:26-27]
>
> 너희가 무슨 일에든지 누구를 용서하면 나도 그리하고 내가 만일 용서한 일이 있으면 용서한 그것은 너희를 위하여 그리스도 앞에서 한 것이니 이는 우리로 사탄에게 속지 않게 하려 함이라 우리는

그 계책을 알지 못하는 바가 아니로라 [고후 2:10-11]

너희를 박해하는 자를 축복하라 축복하고 저주하지 말라 아무에게도 악을 악으로 갚지 말고 모든 사람 앞에서 선한 일을 도모하라 할 수 있거든 너희로서는 모든 사람과 더불어 화목하라 네 원수가 주리거든 먹이고 목마르거든 마시게 하라 그리함으로 네가 숯불을 그 머리에 쌓아 놓으리라 악에게 지지 말고 선으로 악을 이기라

[롬 12:14, 7-21]

또 네 이웃을 사랑하고 네 원수를 미워하라 하였다는 것을 너희가 들었으나 나는 너희에게 이르노니 너희 원수를 사랑하며 너희를 박해하는 자를 위하여 기도하라 [마 5:43-44]

6) 긍정적이고 만족하며 감사하는 생활을 해야 합니다

마귀는 욕심의 만족을 통해 기쁨과 행복을 얻을 수 있다고 유혹하며 타락된 욕망을 부추깁니다. 그러한 욕망이 충족되지 않으면 환경이나 하나님께 대해 불평과 불만과 원망을 하게 하여 인간을 더욱 불행으로 몰고 갑니다. 더 나아가 하나님께 대한 믿음도 상실하게 하여 영원한 멸망을 당하게 합니다. 따라서 이러한 마귀의 공격을 이기는 길은 불평·불만·원망을 버리고 하나님의 선하심과 전능하심과 사랑과 공의를 믿고 주어진 삶을 긍정하고 만족하며 감사하는 생활하는 것입니다. 욥은 마귀의 시험을 당하여 극도의 재앙과 고통을 당했으나 감사와 찬양을 하며 마귀의 공격에 승리를 하였으며 결국 두 배의 복을 받게 되었습니다.

욥이 일어나 겉옷을 찢고 머리털을 밀고 땅에 엎드려 예배하며 이르되 내가 모태에서 알몸으로 나왔사온즉 또한 알몸이 그리로 돌아가올지라 주신 이도 여호와시요 거두신 이도 여호와시오니 여호와의 이름이 찬송을 받으실지니이다 하고 이 모든 일에 욥이 범죄하지 아니하고 하나님을 향하여 원망하지 아니하니라 [욥 1:20-22]
욥이 그의 친구들을 위하여 기도할 때 여호와께서 욥의 곤경을 돌이키시고 여호와께서 욥에게 이전 모든 소유보다 갑절이나 주신지라 [욥 42:10]
우리가 먹을 것과 입을 것이 있은즉 족한 줄로 알 것이니라 부하려 하는 자들은 시험과 올무와 여러 가지 어리석고 해로운 욕심에 떨어지나니 곧 사람으로 파멸과 멸망에 빠지게 하는 것이라 돈을 사랑함이 일만 악의 뿌리가 되나니 이것을 탐내는 자들은 미혹을 받아 믿음에서 떠나 많은 근심으로써 자기를 찔렀도다 [딤전 6:8-10]
주 안에서 항상 기뻐하라 내가 다시 말하노니 기뻐하라 너희 관용을 모든 사람에게 알게 하라 주께서 가까우시니라 아무 것도 염려하지 말고 다만 모든 일에 기도와 간구로, 너희 구할 것을 감사함으로 하나님께 아뢰라 그리하면 모든 지각에 뛰어난 하나님의 평강이 그리스도 예수 안에서 너희 마음과 생각을 지키시리라 [빌 4:4-7]

7) 겸손해야 합니다

마귀는 하나님보다 높아지려는 교만 때문에 하나님을 반역하였고 결국 천사장의 존귀한 신분에서 하나님의 대적자요 악의 근원이요

2. 타 락

더럽고 추악하며 영원한 지옥의 형벌을 받을 자로 전락하고 말았습니다. 마귀는 인간을 처음 미혹할 때도 인간이 하나님과 같이 될 수 있다는 교만심을 부추겨 죄를 짓게 했습니다. 마귀는 지금도 끊임없이 교만심을 이용하여 성도를 미혹하고 있습니다. 교만이 있는 곳에는 시기질투, 원망과 불만, 다툼과 불화가 끊이지를 않습니다. 따라서 교만을 통해 성도를 공격하는 마귀의 공격을 대적하기 위해서는 겸손해야 되는 것입니다.

> 너 아침의 아들 계명성이여 어찌 그리 하늘에서 떨어졌으며 너 열국을 엎은 자여 어찌 그리 땅에 찍혔는고 네가 네 마음에 이르기를 내가 하늘에 올라 하나님의 뭇 별 위에 내 자리를 높이리라 내가 북극 집회의 산 위에 앉으리라 가장 높은 구름에 올라가 지극히 높은 이와 같아지리라 하는도다 [사 14:12-14]
> 너희가 그것을 먹는 날에는 너희 눈이 밝아져 하나님과 같이 되어 선악을 알 줄 하나님이 아심이니라 [창 3:5]
> 교만은 패망의 선봉이요 거만한 마음은 넘어짐의 앞잡이니라
> [잠 16:18]
> 젊은 자들아 이와 같이 장로들에게 순종하고 다 서로 겸손으로 허리를 동이라 하나님은 교만한 자를 대적하시되 겸손한 자들에게는 은혜를 주시느니라 그러므로 하나님의 능하신 손 아래에서 겸손하라 때가 되면 너희를 높이시리라 근신하라 깨어라 너희 대적 마귀가 우는 사자 같이 두루 다니며 삼킬 자를 찾나니 [벧전 5:5-6, 8]

8) 교회 생활에 충실해야 합니다

　마귀는 성도 안에 있는 타락된 욕망을 부추겨 주어진 것에 만족하지 못하도록 하며 세상일에 바쁘도록 하여 교회 생활에 충실하지 못하도록 합니다. 교회는 하나님의 집이며 하나님의 나라이며 성도의 안식처이며 구원의 방주입니다. 교회에서 찬양과 기도와 말씀으로 하나님을 경배하는 것과 성도와의 교제를 통하여 영적 건강함과 능력을 얻게 됩니다. 영적 건강함과 능력을 얻어야 마귀에게 공격할 틈을 주지 않고 마귀의 공격을 효과적으로 방어하여 승리할 수 있습니다. 교회 생활을 충실히 하지 않는 신도는 그 자체로 이미 마귀에게 공격당한 것이며 마귀의 여러 가지 공격을 막을 수 없습니다. 그리고 예수 그리스도를 통해 주시는 풍성한 복된 삶을 누리지도 못하게 될 뿐 아니라 고통스러운 삶을 자초하게 될 것입니다. 심각하면 영적 생명도 상실하게 되는 비참한 결과를 갖게 될 수가 있습니다.

> 　또 내가 네게 이르노니 너는 베드로라 내가 이 반석 위에 내 교회를 세우리니 음부의 권세가 이기지 못하리라 [마 16:18]

　음부의 권세란 사망의 권세입니다. 사망의 권세는 마귀가 죄를 통해서 잡고 있습니다(히2:15). 하지만 교회는 예수 그리스도의 십자가를 통하여 죄 사함을 주는 곳이기 때문에 마귀의 권세가 더 이상 지배하지 못하는 곳이 됩니다.

2. 타 락

만일 내가 지체하면 너로 하여금 하나님의 집에서 어떻게 행하여야 할지를 알게 하려 함이니 이 집은 살아 계신 하나님의 교회요 진리의 기둥과 터니라 [딤전 3:15]

6. 선악과를 따먹음

아담과 하와가 하나님의 명령을 어기고 선악과를 따먹은 것은 무엇을 의미하고 있습니까?

선악과를 따먹지 말라는 하나님의 명령을 순종한다는 것은 하나님의 권세 아래서 오직 하나님의 은혜로 살겠다는 뜻입니다. 이 명령은 인간이 범죄하여 타락하기 이전에는 행위의 법이 아니라 완전한 은혜의 법입니다. 무엇을 하라는 명령이었다면 그것은 행위의 법입니다. 그러나 선악과를 따먹지 말라는 명령은 하지만 않으면 되는, 전혀 행위가 필요 없는 법입니다. 하나님의 권세 아래 절대 은혜 안에서 영원한 생명과 행복을 누리며 살기를 바라셨습니다.

그러나 사탄은 선악을 알게 하는 나무의 열매를 먹으면 눈이 밝아 하나님과 같이 되어 선악을 알게 된다고 유혹하였습니다. 인간은 사탄의 말을 순종하여 선악과를 따먹고 말았습니다. 이것은 인간이 하나님의 권세를 벗어나 하나님과 같이 선악을 구별하여 완전한 선을 행하여 영생과 영원한 행복의 문제를 자신의 힘으로 해결해 보겠다는 것을 뜻합니다. 그러나 그것은 완전히 속은 것입니다. 마귀는 거짓의 아비며 속임수에 능한 자입니다(요8:44). 마귀의 말을 듣고 순종하여 하나님의 명령을 어기고 선악과를 따먹은 인간은 하나님처럼 선악을 알게는 되었지만 타락하여 죄성이 인간 안에 들어와 선을 행할 능력을 상실하고 말았습니다. 물론 사탄의 말대로 인간이 선악을 구별하여 완전한 선을 일생 동안 행할 수 있다면 영생과 영원한 행복은 가능하겠지만, 그러나 인간의 타락한 본성과 마귀의 지배로 그것은 불가능한 것입니다. 도리어 죄로 인해 하나님의 영이 떠나 영적으로 죽게 되었으며, 에덴의 행복을 상실하게 되었고, 사탄에게 속하여 사탄의 권세 아래 놓이게 되었으며, 이 세상에서 일생 동안 고통을 당하게 되었으며, 죽은 후 영원한 지옥의 형벌을 받게 되는 비참한 운명에 처하게 되었습니다.

하나님은 인간이 스스로 선악을 구별하여 완전한 선을 행하여 영원한 생명과 행복의 문제를 해결하겠다고 선택을 했으므로 인간의 선택을 존중하여 하나님의 권세를 떠나 자신의 구원의 문제를 스스로 해결하도록 기회를 허락하신 것입니다. 그러한 시험 기간이 예수 그리스도께서 오실 때까지 약 4000년간이었습니다. 이 기간 동안 인간은 양심과 율법을 통하여 행위로써 구원을 받으려고 노력을 했으나 양심은 왜곡되고 행위는 타락하여 구원을 받을 수 없다는 것만을 확인한 것입니다.

하나님은 인간이 완전한 행위로써는 결코 구원받을 수 없음을 아시기 때문에 다시 완전한 은혜로 구원을 받는 방법을 제시하신 것입니다. 그것이 바로 예수 그리스도를 통해서 죄를 용서받아 은혜로 구원을 받는 방법입니다. 하나님은 예수 그리스도의 십자가에서 인류의 죄를 다 대속하시고 사탄의 권세를 폐하시고 누구나 예수를 믿고 나오기만 하면 죄를 용서해서 사탄의 권세에서 하나님의 권세로 돌아오게 하시며 완전한 은혜 가운데서 영원한 생명과 행복을 얻도록 하셨습니다.

02

그 결과 다음과 같은 비참한 상황에 처하게 되었습니다

첫째, 에덴동산에서 추방되어 고통과 불안과 허무 속에서 살 수밖에 없었습니다

하나님의 명령을 순종할 때 허락된 에덴동산에서의 축복이 불순종으로 말미암아 상실되고, 에덴동산에서 추방되어 저주받은 땅에서 온갖 고통과 허무 속에서 살 수밖에 없습니다. 명령에 대한 순종은 무한한 축복이지만 불순종의 대가는 축복의 상실을 가져올 뿐만 아니라 축복에 반대되는 저주를 수반하게 됩니다.

또 여자에게 이르시되 내가 네게 임신하는 고통을 크게 더하리니

제2편
본 론

네가 수고하고 자식을 낳을 것이며 너는 남편을 원하고 남편은 너를 다스릴 것이니라 하시고 아담에게 이르시되 네가 네 아내의 말을 듣고 내가 네게 먹지 말라 한 나무의 열매를 먹었은즉 땅은 너로 말미암아 저주를 받고 너는 네 평생에 수고하여야 그 소산을 먹으리라 땅이 네게 가시덤불과 엉겅퀴를 낼 것이라 네가 먹을 것은 밭의 채소인즉 네가 흙으로 돌아갈 때까지 얼굴에 땀을 흘려야 먹을 것을 먹으리니 네가 그것에서 취함을 입었음이라 너는 흙이니 흙으로 돌아갈 것이니라 하시니라 [창 3:16-19]

1. 인생의 고통(참고, 전1:13)

사탄의 권세 아래서 죄에 빠진 인간은 이 세상에서 생로병사의 고통과 살아남기 위한 극심한 생존경쟁으로 인한 수고 속에서 살고 있습니다. 하나님을 통해 인생의 참된 의미와 내세의 구원을 알지 못한다면 참된 행복을 누릴 수가 없습니다.

우리의 연수가 칠십이요 강건하면 팔십이라도 그 연수의 자랑은 수고와 슬픔뿐이요 신속히 가니 우리가 날아가나이다 [시 90:10]
야곱이 바로에게 아뢰되 내 나그네 길의 세월이 백삼십 년이니이다 내 나이가 얼마 못 되니 우리 조상의 나그네 길의 연조에 미치지 못하나 험악한 세월을 보내었나이다 하고 [창 47:9]

2. 인생의 불안

인간은 상실과 죄책과 죽음에 대한 두려움과 불안으로 말미암아 마음에 참 평안이 없습니다. 인간의 무의식과 마음 깊은 곳에는 불안과 두려움이 있습니다. 예수님을 믿고 구원을 받았음을 깨닫고 또 하나님께서 하나님을 믿고 의지하는 자를 보호하시고 인도해 주신다는 것을 깨달았을 때 이러한 불안과 두려움에서 해방되어 참 평안을 누릴 수 있습니다.

그러나 악인은 평온함을 얻지 못하고 그 물이 진흙과 더러운 것을 늘 솟구쳐 내는 요동하는 바다와 같으니라 내 하나님의 말씀에 악인에게는 평강이 없다 하셨느니라 [사 57:20-21]

3. 인생의 허무

인간에게는 육신의 죽음이 있기 때문에 허무가 있습니다. 아무리 많은 것을 소유하고 누린다 하더라도 죽음은 인간의 모든 성취와 소유를 허무하게 만듭니다. 인간은 이러한 허무를 극복하기 위하여 죽음을 애써 외면하고 소유와 쾌락과 명예 그리고 선한 어떤 일 등으로 채워보려고 노력하지만 더욱 허무만 깊어 갈 뿐입니다. 오직 하나님을 믿고 예수 그리스도를 통하여 구원을 받고 깨달아 마음에 확증이 있을 때 인생의 참된 의미와 소망을 회복하여 인생의 깊은 허무의 심연에서 해방될 수 있습니다.

전도자가 이르되 헛되고 헛되며 헛되고 헛되니 모든 것이 헛되도다
[전 1:2]
내일 일을 너희가 알지 못하는도다 너희 생명이 무엇이냐 너희는 잠깐 보이다가 없어지는 안개니라 [약 4:14]

❖ 생명나무의 실과를 따먹지 못하게 하신 이유

여호와 하나님이 이르시되 보라 이 사람이 선악을 아는 일에 우리 중 하나 같이 되었으니 그가 그의 손을 들어 생명 나무 열매도 따먹고 영생할까 하노라 하시고 이같이 하나님이 그 사람을 쫓아내시고 에덴 동산 동쪽에 그룹들과 두루 드는 불 칼을 두어 생명 나무의 길을 지키게 하시니라 [창 3:22, 24]

하나님은 왜 범죄한 아담과 하와에게 생명나무의 실과를 먹지 못하게 했습니까? 그 근본 원인이 무엇이겠습니까? 생명나무가 생명을 주는 것이라면 당연히 따먹고 영생하는 것이 옳지 않겠습니까?
인간은 선악과를 따먹음으로써 악을 체험적으로 알게 되었으며, 죄악된 성품이 인간 안에 들어와 죄를 지을 수밖에 없는 죄인이 되었

2. 타 락

으며, 완전한 선을 행할 능력을 상실하고 말았습니다. 이와 같이 죄악된 성품을 갖게 된 죄인 된 인간이 만일 생명나무의 열매를 따먹고 영생을 한다면 두 가지 측면에서 옳지 않습니다.

첫째, 하나님께서 말씀하시기를 먹는 날에는 정녕 죽으리라고 했기 때문입니다.

범죄한 자는 반드시 죽어야 하는 것이 하나님의 명령이며, 하나님의 공의의 법칙입니다. 하나님께서 인간이 범죄 하지 않을 때 육체를 가지고 영생하도록 하셨다면 범죄했을 때 육체가 죽게 되는 것은 너무도 당연한 하나님의 공의입니다. 하나님은 공의로우시기 때문에 공의에 어긋나게 하실 수 없습니다. 만일 공의를 어기신다면 죄를 심판할 근거를 상실하고 말 것입니다. 그러므로 범죄한 자에게 육체로서 영생하는 길을 막는 것은 당연한 것입니다.

둘째, 구원의 소망이 없이 영원한 고통을 받게 될 것이기 때문입니다.

타락한 인간이 영원히 산다면 얼마나 많은 죄를 짓게 되며 죄의 무한한 증가로 그 고통이 얼마나 더하겠습니까? 지옥에서는 현세에서 지은 죄에 대한 형벌만을 받게 됩니다. 그러나 타락된 육신을 가지고 영원히 산다면 죄가 끝없이 증가하게 되어 고통도 끝없이 증가하게 될 것입니다. 이러한 고통은 장차 있을 지옥보다 더할 것입니다. 구원의 소망이 없이 영원한 고통을 받는 것을 하나님은 원치 않으시고 영원한 고통에서 구원을 주시기 위하여 인간으로 하여금 생명나무의 열매를 따먹지 못하게 하신 것입니다. 그러므로 하나님께서 생명나무의 열매를 따먹지 못하게 하신 것은 인간을 사랑하시기 때문입니다. 그러나 하나님은 인간의 죄를 해결할 수 있는 길을 여신 후에 생명나무로 나아가는 길을 반드시 여실 계획을 세우셨습니다. 그러한 계획이 바로 십자가의 구원입니다. 이 생명나무는 예수 그리스도를 상징하고 있습니다. 예수 그리스도는 영적으로 생명나무인 것입니다. 하나님은 참된 교회를 통하여 생명나무의 열매를 먹게 하실 것이라고 말씀하고 있습니다.

그러나 너를 책망할 것이 있나니 너의 처음 사랑을 버렸느니라 그러므로 어디서 떨어졌는지를 생각하고 회개하여 처음 행위를 가지라 만일 그리하지 아니하고 회개하지 아니하면 내가 네게 가서 네 촛대를 그 자리에서 옮기리라 귀 있는 자는 성령이 교회들에게 하시는 말씀을 들을지어다 이기는 그에게는 내가 하나님의 낙원에 있는 생명나무의 열매를 주어 먹게 하리라 [계 2:4-5,7]

'이기는 그'란 처음 사랑을 회복한 자들로서 바로 물과 성령으로 거듭난 성도들 중 '생명의 성령의 법'에 따라 사는 성도들입니다. 이들이 이기는 자들입니다. 생명의 성령의 법에 대한 이치를 알지 못하면 결코 마귀를 이길 수 없고 따라서 예수님에 대한 진정한 사랑을 깨달아 첫 사랑을 회복할 수가 없습니다(계12:17, 14:13). '생명의 성령의 법'이란 '생명을 주는 성령의 원리'로서 십계명과 예수 그리스도의 십자가와의 관계를 통한 죄 사함을 받는 방법이며 참된 성결에 이르는 길입니다.

> 용이 여자에게 분노하여 돌아가서 그 여자의 남은 자손 곧 하나님의 계명을 지키며 예수의 증거를 가진 자들과 더불어 싸우려고 바다 모래 위에 서 있더라 [계 12:17]
> 성도들의 인내가 여기 있나니 그들은 하나님의 계명과 예수에 대한 믿음을 지키는 자니라 [계 14:12]

이러한 '생명의 성령의 법' 즉 '생명을 주는 성령의 원리'에 대해서는 '4장 구원의 유지' 부분에서 좀 더 구체적으로 설명될 것입니다.

둘째, 육과 혼과 영이 죄로 오염되고 본성이 심각하게 타락하여 죄인이 되었으며 선을 행할 능력을 상실하고 말았습니다

---

1. 인간의 본성이 타락함

인간은 본래 하나님의 형상을 닮아 하나님의 성품을 가진 존재였습니다. 하나님의 영이 인간의 영 안에 들어와 인간의 영과 결합하여 하나님의 생명을 공급받으며 하나님의 성품을 가지고 하나님의 형상을 나타내는 존재로 지음을 받았습니다. 그러나 범죄함으로 죄성이 본성 속에 들어왔으며, 하나님의 영은 떠나고 사탄의 영이 인간을 지배하므로 인간은 하나님의 성품과 형상을 잃어버렸습니다. 따라서 인간의 마음은 철저히 부패하고 타락하여 완전한 선을 행하여 스스로 구원을 얻을 수 있는 능력을 상실하고 만 것입니다.

> 만물보다 거짓되고 심히 부패한 것은 마음이라 누가 능히 이를 알리요마는 [렘 17:9]
> 모든 사람이 죄를 범하였으매 하나님의 영광에 이르지 못하더니
> [롬 3:23]

2. 죄인이 되었음

> 모든 사람이 죄를 범하였으매 하나님의 영광에 이르지 못하더니
> [롬 3:23]

아담과 하와가 범죄하자 죄성이 인간의 성품 안에 들어와 하나님의 형상과 성품을 상실하고 모든 인간은 죄인이 되었습니다. 마치 표범의 반점이 새끼에게 유전되고 흑인의 검은 피부가 자식에게 유전되듯이 아담 이래 모든 인간에게 죄성은 자자손손 유전되고 있습

니다. 따라서 모든 아담의 후손은 죄인이 된 것입니다. 아무리 어머니의 뱃속에 있는 자라 하더라도 죄성을 가진 죄인입니다.

> 그러므로 한 사람으로 말미암아 죄가 세상에 들어오고 죄로 말미암아 사망이 들어왔나니 이와 같이 모든 사람이 죄를 지었으므로 사망이 모든 사람에게 이르렀느니라 [롬 5:12]

3. 선을 행할 능력을 상실

> 구스인이 그의 피부를, 표범이 그의 반점을 변하게 할 수 있느냐 할 수 있을진대 악에 익숙한 너희도 선을 행할 수 있으리라 [렘 13:23]
> 다 치우쳐 함께 무익하게 되고 선을 행하는 자는 없나니 하나도 없도다 [롬 3:12]

구스인은 아프리카의 에티오피아 사람으로 흑인을 말합니다. 흑인이 검은 피부를 갖게 된 것은 유전인자 속에 검은색 피부의 유전인자가 있기 때문이며, 표범이 반점을 가진 것 역시 유전인자 속에 표범의 유전인자가 있기 때문입니다. 이와 같이 범죄로 인해 인간의 유전인자 속에 죄성이 들어와 죄인이 되었으며 선을 행할 능력을 상실하게 되었습니다. 인간이 행한 선은 하나님의 의를 만족할 수 있는 것이 아닙니다. 죄인 된 인간의 타락된 성품 즉, 죄성에서 나오는 행위는 참된 선이 될 수 없습니다. 따라서 선을 행하는 자는 하나도 없다는 것입니다.

> 셋째, 하나님의 영이 죄인 안에 거하실 수 없으므로 떠나시고, 하나님과의 친밀한 교제가 단절되어 영적으로 죽게 되었습니다. 그리고 육도 서서히 죽게 된 것입니다

1. 하나님의 영이 떠남

하나님의 영은 거룩한 영이시기 때문에 성령이라고 합니다(마 3:16). 거룩하신 하나님의 성령께서 죄인 안에 거하실 수 없으므로 떠나실 수밖에 없습니다. 노아 시대에 하나님의 영이 인간에게 내주하신 것은 아니었으나 잠시 함께하시다 인간의 타락으로 떠나신 적이 있습니다. 이는 범죄한 인간에게서 하나님의 영이 떠나신다는 사실을 보여주고 있습니다(창6:3).

2. 하나님과의 친밀한 교제가 단절됨

하나님은 인간과 친밀한 교제를 나누시기를 원하십니다. 하나님

은 인간과의 교제를 통하여 무한한 영광을 받으십니다. 인간은 그러한 목적으로 창조되었습니다.

하나님과의 교제가 성립되려면 첫째로 죄가 없어야 하며 또 하나님의 영이 함께해야 되는 것입니다. 그러나 하나님의 명령을 어기고 죄를 범하므로 죄인이 되었고 하나님의 영이 떠나시므로 친밀한 교제가 단절되어 버렸습니다.

1) 죄가 있으면 하나님과의 관계가 단절됩니다

인간이 죄를 지음으로써 하나님과 인간 사이에 죄의 담이 생겨 하나님과 친밀한 관계가 단절되어, 인간이 하나님께 나아갈 수 없게 됩니다.

> 오직 너희 죄악이 너희와 너희 하나님 사이를 갈라 놓았고 너희 죄가 그의 얼굴을 가리어서 너희에게서 듣지 않으시게 함이니라
> [사 59:2]

2) 하나님의 영으로써만이 하나님과의 관계 개선이 가능합니다

하나님과의 친밀한 교제란, 죄가 없는 상태에서 하나님과 두려움이 없는 영적 관계를 유지하는 것입니다. 아담과 하와가 범죄하기 이전에는 하나님께 대해 아무런 두려움이 없었으며 하나님을 믿고 섬기는 것을 즐거워했습니다. 그러나 죄를 짓자 죄에 대한 수치뿐만 아니라 하나님께 대한 두려움 때문에 나무숲에 숨어 하나님을 피하

였습니다. 영적으로 교제가 단절되자 심리적으로도 교제의 단절이 오게 된 것입니다. 비록 하나님이 아담을 부를 때 아담이 하나님께 대답을 했을지라도 그것은 진정한 교제가 아닙니다.

그러나 하나님은 예수 그리스도를 믿는 자들에게 성령을 주셔서 다시 관계를 개선하여 주시고 영적 교제를 회복하도록 하셨습니다(요4:24).

하나님은 영이시니 예배하는 자가 영과 진리로 예배할지니라

[요 4:24]

예배는 일종의 하나님과의 교제입니다. 그러므로 하나님에게 예배를 드릴 때 '영과 진리'로써 드려야 하나님이 받아 주시는 참 예배가 되는 것입니다. 영이란 성령을 말합니다. 그러므로 성령을 받아야 하나님과의 관계가 개선되어 영적 교제를 나눌 수 있습니다. 성령을 받게 되면 하나님께 비밀한 기도를 드릴 수 있는 것과 성령께서 친히 기도해 주시는 것도 다 이 때문입니다(고전14:2, 롬8:26-27).

3. 영적으로 죽게 됨

'먹는 날에는 정녕 죽으리라'라는 말은 '반드시 죽을 것이다'라는 뜻인데 실제적으로 먹은 날 죽은 것은 아닙니다. 아담은 그 후 900년

정도 더 살다 죽었습니다. 그러면 그들이 선악과를 따먹었을 때 죽게 된 것은 무엇입니까? 바로 하나님의 영과 연결된 영적인 생명입니다. 죄로 인해 하나님의 영이 인간에게서 떠나므로 인간은 영적으로 모두 죽은 자가 된 것입니다.

> 그는 허물과 죄로 죽었던 너희를 살리셨도다 [엡 2:1]
> 제자 중에 도 한 사람이 이르되 주여 내가 먼저 가서 내 아버지를 장사하게 허락하옵소서 예수께서 이르시되 죽은 자들이 그들의 죽은 자들을 장사하게 하고 너는 나를 따르라 하시니라 [마 8:21-22]

그리고 하나님의 영이 떠나므로 죽게 된다는 것은 하나님의 영이 사람 안에 들어와 내주하게 되므로 살게 되는 데서 분명히 알 수 있습니다.

> 내가 또 내 영을 너희 속에 두어 너희가 살아나게 하고 내가 또 너희를 너희 고국 땅에 두리니 나 여호와가 이 일을 말하고 이룬 줄을 너희가 알리라 여호와의 말씀이니라 [겔 37:14]

죽음이란 말의 성경적인 뜻은 분리입니다. 없어지거나 사라진다는 의미가 아닙니다. 성경적으로 죽음에는 세 가지 죽음이 있습니다.

1) 영적 죽음

앞에서 이미 설명했듯이 죄로 인해 하나님의 영이 인간에게서 떠나 하나님과 분리된 상태입니다.

2) 육적 죽음

영혼이 육체로부터 분리된 상태입니다. 보통 인간이 죽는다고 하는 것으로 심장과 호흡이 멈춘 상태를 말합니다.

영혼 없는 몸이 죽은 것 같이 행함이 없는 믿음은 죽은 것이니라
[약 2:26]

3) 둘째 사망

최후 심판 때 부활한 몸이 지옥에 들어가 하나님과 분리되어 영원히 관계를 회복할 수 없는 상태에 있는 것을 말합니다.

사망과 음부도 불못에 던져지니 이것은 둘째 사망 곧 불못이라
[계 20:14]

그러나 두려워하는 자들과 믿지 아니하는 자들과 흉악한 자들과 살인자들과 음행하는 자들과 점술가들과 우상 숭배자들과 거짓말하는 모든 자들은 불과 유황으로 타는 못에 던져지리니 이것이 둘째 사망이라 [계 21:8]

4. 육체도 서서히 죽게 됨

육체의 죽음은 영의 죽음으로 인한 필연적 결과입니다. 마치 싱싱한 나뭇가지가 꺾이면 서서히 말라 죽게 되듯 인간도 하나님의 영이 떠나자 서서히 죽게 되었습니다. 육체의 죽음이란 육체로부터 영혼이 분리되어 나가는 것입니다. 영혼이 떠나면 육체는 썩어 흙으로 돌아가지만 영혼은 영원불멸합니다. 어디서 영생하느냐가 중요합니다. 마귀와 함께 지옥에서 고통당하며 영생을 하느냐 아니면 하나님과 함께 천국에서 무궁한 복을 누리며 영생하느냐가 문제입니다. 성경은 지옥에서의 영생에 대해서 멸망·영원한 멸망·영원한 죽음·영벌·불못 등으로 표현하고 있으며, 천국에서의 영원한 생명에 대해서는 간단하게 영생이라고 말하고 있습니다.

> 이는 우리 주 예수 그리스도께서 내게 지시하신 것 같이 나도 나의 장막을 벗어날 것이 임박한 줄을 앎이라 [벧후 1:14]
> 내 가죽이 벗김을 당한 뒤에도 내가 육체 밖에서 하나님을 보리라 [욥 19:26]
> 하나님이 세상을 이처럼 사랑하사 독생자를 주셨으니 이는 그를 믿는 자마다 멸망하지 않고 영생을 얻게 하려 하심이라 [요 3:16]

제2편
본 론

> 넷째, 사탄의 영이 인간 안에 들어와 인간을 지배하게 되므로 인간은 사탄의 권세 아래 놓이게 된 것입니다

하나님의 영이 인간에게서 떠나게 되자 사탄의 영이 인간 안에 들어와 인간을 지배하게 되므로 인간은 사탄의 권세·지배·소유 아래 놓이게 되었습니다. 인간은 법적으로 사령의 지배 아래 있게 된 것입니다. 즉, 인간의 마음은 사탄의 땅·나라·거처·집이 된 것입니다. 이러한 상태에 놓인 인간을 사탄의 권세, 즉, 사탄의 다스림 아래 있다고 말합니다. 사탄의 권세는 어둠이요 죄악 세상이며 좁게는 하나님을 알지 못하거나 거듭나지 못한 사람들의 마음에 있는 것입니다.

> 그 때에 너희는 그 가운데서 행하여 이 세상 풍조를 따르고 공중의 권세 잡은 자를 따랐으니 곧 지금 불순종의 아들들 가운데서 역사하는 영이라 [엡 2:2]
> 또 아는 것은 우리는 하나님께 속하고 온 세상은 악한 자 안에 처한 것이며 [요일 5:19]
> 그 눈을 뜨게 하여 어둠에서 빛으로, 사탄의 권세에서 하나님께로 돌아오게 하고 죄 사함과 나를 믿어 거룩하게 된 무리 가운데서 기업을 얻게 하리라 하더이다 [행 26:18]
> 죄를 짓는 자는 마귀에게 속하나니 마귀는 처음부터 범죄함이라 하나

2. 타락

님의 아들이 나타나신 것은 마귀의 일을 멸하려 하심이라 [요일 3:8]

  본래 인간은 영혼 안에 하나님께서 성령으로 내주하셔서 거처를 삼으시고 교제를 나눌 수 있도록 창조된 존귀한 존재입니다. 천사는 인간을 섬기도록 보냄을 받은 존재입니다. 천사는 인간 밖에서 도울 수 있을 뿐 인간의 영혼 안에 내주할 권한이 없습니다(히1:14). 오직 하나님만이 인간 안에 내주하실 수 있는 권한이 있으십니다.

  그런데 인간이 마귀의 말을 듣고 순종하여 죄를 범하므로 마귀에게 속하여 마귀의 권세 아래 놓이게 되었습니다. 마귀는 하나님 대신 인간 안에 들어와 인간을 지배할 권한을 갖게 된 것입니다. 따라서 인간이 범죄함으로 하나님의 영이 떠난 자리에 마귀가 들어와 거처를 삼고 인간을 지배하고 있습니다.

다섯째, 최후로 죽은 후 심판을 받아 영원한 지옥의 형벌을 받아야 할 운명에 놓이게 되었으며, 타락한 모든 인간은 누구도 이 저주스러운 운명에서 벗어날 수가 없습니다. 인간은 이 저주스러운 운명에서 벗어나 구원을 얻기 위하여 선행·수도·종교·철학·과학 등의 여러 가지 방법으로 노력을 하고 있습니다. 그러나 인간의 어떠한 방법으로는 결코 자신을 구원할 수 없습니다. 그 이유를 간단히 종합하면 인간은 스스로 죄의 문제를 해결할 수 없고, 또 사령을 쫓아내고 성령을 모셔 들일 수가 없기 때문입니다.

제2편
본 론

1. 죽은 후 심판이 있습니다

인간은 한번 태어나면 언젠가는 죽어야 하는 시한부 인생입니다. 모든 인간은 죽음이라는 종착역을 향해 시간의 흐름을 따라 거대한 행진을 하고 있습니다. 죽은 후 무슨 일이 있을까요? 믿지 않는 사람들은 죽음으로써 모든 것이 끝이라고 생각하거나 별 생각 없이 지냅니다. 그러나 성경은 반드시 하나님의 심판이 있다고 말합니다.

> 한번 죽는 것은 사람에게 정해진 것이요 그 후에는 심판이 있으리니 [히 9:27]

2. 지옥의 형벌이 있습니다

죽은 후 죄를 지은 인간에게는 죄에 대한 심판이 있습니다. 그러므로 죄를 지은 인간은 누구나 지옥의 형벌을 면할 수가 없습니다. 모든 종교는 내세의 심판과 형벌을 말하고 있으며, 인간의 본성 속에서도 인간이 내세에서 죄 값을 받아야 하는 형벌의 장소가 있다는 것을 본능적으로 막연하게나마 생각하고 있습니다. 성경은 지옥의 형벌에 대하여 분명히 말하고 있습니다.

> 또 내가 보니 죽은 자들이 큰 자나 작은 자나 그 보좌 앞에 서 있는

데 책들이 펴 있고 또 다른 책이 펴졌으니 곧 생명책이라 죽은 자들이 자기 행위를 따라 책들에 기록된 대로 심판을 받으니 바다가 그 가운데에서 죽은 자들을 내주고 또 사망과 음부도 그 가운데에서 죽은 자들을 내주매 각 사람이 자기의 행위대로 심판을 받고 사망과 음부도 불못에 던져지니 이것은 둘째 사망 곧 불못이라 누구든지 생명책에 기록되지 못한 자는 불못에 던져지더라 [계 20:12-15] [참고, 마25:41, 46, 계21:8]

3. 타락한 인간은 이 저주스러운 운명에서 벗어날 수 없습니다

인간은 사탄의 말을 순종하여 하나님의 명령을 어기고 선악과를 따먹고 죄를 지음으로 말미암아 사탄에게 속하게 되었고 사탄의 권세 즉, 사탄의 지배 아래 놓이게 되었습니다. 사탄의 권세 아래 놓인 인간은 누구도 인간의 방법이나 노력에 의해 사탄의 권세에서 벗어나 하나님의 영광스러운 권세 아래로 들어갈 수 없으며, 결국 마귀 사탄을 따라 영원한 지옥에 들어가 영원한 형벌을 받아야 하는 저주스러운 운명에 처하게 되었습니다.

모든 사람이 죄를 범하였으매 하나님의 영광에 이르지 못하더니

[롬 3:23]

제2편 본론

4. 인간의 방법으로는 불가능합니다

인간은 이 저주스러운 운명에서 벗어나 구원을 얻기 위하여 선행·입산수도·종교적 율법의 행위·철학·과학 등의 여러 가지 행위나 방법 등으로 노력을 하고 있습니다. 그러나 오직 예수 그리스도 외에 인간의 어떠한 방법으로도 사탄의 권세에서 벗어나 결코 자신을 구원할 수 없습니다.

1) 선행

선을 죄악보다 많이 쌓으면 내세에서 좋은 곳으로 갈 수 있다고 생각하거나 혹은 구원을 받을 수 있다고 생각하는 것이 보편적인 생각입니다. 거의 모든 종교나 가르침은 선을 행할 때 내세에서 구원을 받을 것으로 가르칩니다. 그러나 인간은 결코 선을 행할 수 없으며 또 행한 어떤 행위로도 구원을 받을 수 없다고 말하고 있습니다.

> 구스인이 그 피부를, 표범이 그 반점을 변할 수 있느뇨 할 수 있을진대 악에 익숙한 너희도 선을 행할 수 있으리라 [렘 13:23]

구스인은 아프리카의 에티오피아인으로서 흑인을 말합니다. 흑인의 피부를 희게 할 수 없고, 표범의 반점을 없게 할 수 없듯이 인간의 죄악된 본성을 완전히 선하게 개선하여 선을 행할 수 없다는 말씀입니다. 따라서 선행은 좋은 일이고 유익한 일이긴 하지만 인간은 유전인자 속에 있는 죄악된 성품, 즉 죄성을 선행으로서는 결코 없게 할 수 없습니다.

2) 수도(修道)

수도란 '도를 닦는다'는 뜻이며 깊은 명상이나 고행을 통하여 마음과 신체를 단련하는 극기 훈련입니다. 어떤 사람들은 인간의 욕심을 버리고 깊은 깨달음을 얻어 내세에 극락이나 좋은 곳에 갈 수 있다고 생각하여 속세를 떠나 깊은 산중이나 수도원에 들어가 수도를 합니다. 자신의 욕망을 버리고 극도의 절제를 하는 모습은 감탄스럽고 존경해마지 않지만 그렇다고 그러한 방법으로 구원을 받을 수 있는 것은 아닙니다. 이것도 일종의 인간의 노력과 행위입니다. 어떠한 인간의 노력과 행위로는 스스로 구원을 얻을 수가 없는 것입니다.

3) 종교적 율법의 행위

율법의 행위란 구약시대의 율법입니다. 십계명을 지키는 행위이든 십계명을 범할 때 죄 사함을 위해서 주신 속죄제사든 기타 수많은 규례들을 지키는 어떠한 행위든 간에 그러한 율법을 지키는 행위만으로는 구원을 얻을 수 없습니다.

세상에는 수많은 종교가 있고 나름대로 구원을 위해 해야 할 어떠한 종교적 의식들이 있습니다. 그러나 그러한 인간이 만든 종교의 계율이나 의식으로는 구원을 얻을 수 없습니다.

제2편
본 론

> 그러므로 율법의 행위로 그의 앞에 의롭다 하심을 얻을 육체가 없나니 율법으로는 죄를 깨달음이니라 [롬 3:20]
> 우리를 구원하시되 우리가 행한 바 의로운 행위로 말미암지 아니하고 오직 그의 긍휼하심을 따라 중생의 씻음과 성령의 새롭게 하심으로 하셨나니 [딛 3:5]

4) 철학

철학은 지혜를 사랑하는 학문입니다. 어떠한 철학도 인간의 구원에 답을 줄 수 없습니다. 철학은 진리를 추구하는 학문일 뿐 진리 자체를 알게 할 수는 없으며, 더욱이 존재의 문제, 죽음의 문제, 내세의 구원의 문제에 있어서는 아무런 해답을 줄 수 없습니다.

> 누가 철학과 헛된 속임수로 너희를 사로잡을까 주의하라 이것은 사람의 전통과 세상의 초등학문을 따름이요 그리스도를 따름이 아니니라 [골 2:8]

5) 과학

과학은 자연현상을 연구하여 발견된 법칙들을 인간의 편리와 유익과 필요를 위해 사용하였으며 놀라운 문명을 발전시켜 왔습니다. 그러나 인간이 가장 신뢰하는 과학도 역시 존재의 문제 그리고 인간의 참된 행복과 죽음과 내세의 문제 등에 대해서 아무런 해결책을 주지 못하고 있습니다.

5. 오직 예수 그리스도를 통해서만 가능합니다

예수 그리스도는 인간을 죄에서 구원하기 위해 친히 육신을 가지고 이 세상에 오신 분이십니다. 예수 그리스도만이 참된 길이시고 진리 되시고 영원한 생명이 되시며 믿는 자들을 천국으로 인도하실 구세주이십니다.

예수께서 이르시되 내가 곧 길이요 진리요 생명이니 나로 말미암지 않고는 아버지께로 올 자가 없느니라 [요 14:6]
다른 이로써는 구원을 받을 수 없나니 천하 사람 중에 구원을 받을 만한 다른 이름을 우리에게 주신 일이 없음이라 하였더라 [행 4:12]

사도들은 '다른 이로써는 구원을 받을 수가 없나니'라고 말씀하고 있습니다. '다른 이'란 이 세상의 어떤 사람이나 신들을 말하고 있습니다. 즉 예수 이외의 누구도, 어떤 신도 구원자가 될 수 없다는 말입니다. 오직 예수 그리스도만이 구원자이십니다.

6. 인간 스스로 구원 얻을 수 없는 두 가지 이유

인간은 스스로 죄의 문제를 해결할 수 없고 사령을 쫓아내고 성령을 모셔 들일 수가 없기 때문에 스스로 자신을 구원하는 데 무기력하고 불가능합니다.

공자나 석가모니나 소크라테스 같은 분이 위대한 인류의 스승인 것은 사실이지만 인간 죄의 문제와 성령을 모셔 들이는 문제를 해결할 수 없기 때문에 결코 인간을 구원하지 못합니다. 이 두 가지 문제는 하나님께서 예수 그리스도를 통하여 해결의 길을 열어 놓으신 것입니다. 그러므로 오직 예수 그리스도만이 인류 구원의 유일한 해결책이십니다.

1) 죄의 문제
(1) 죄인으로 태어나 죄인이 되었기 때문에

아담 한 사람의 범죄로 모든 인간이 아담과 같은 죄인이 된 것입니다. 김씨 가문에 태어나면 김씨가 되며, 흑인에게서 나면 흑인이 되고 동물에게서 태어나면 동물이 되듯이 죄인인 아담에게서 태어난 모든 인류는 죄인이 되는 것입니다. 아담 안에 모든 인류가 들어 있었습니다. 마치 수원지의 물을 붉은 물감으로 붉게 물들이면 모든 가정의 수도꼭지에서 붉은 물이 나오듯이, 아담은 모든 인류의 생명의 저수지와 같아서 아담 한 사람의 범죄로 본성이 타락하자 그의 모든 후손도 본성이 타락한 인간이 되어 본질적으로 죄인이 된 것입니다. 본질적으로 죄인 되게 하는 타락한 본성을 우리는 원죄라 부릅니다. 스스로는 이 죄인 된 상태를 바꿀 수가 없습니다. 그러므로 인간은 모두 비록 갓 난 어린아이일지라도 구원을 받을 수 없습니다.

2. 타락

> 그러므로 한 사람으로 말미암아 죄가 세상에 들어오고 죄로 말미암아 사망이 들어왔나니 이와 같이 모든 사람이 죄를 지었으므로 사망이 모든 사람에게 이르렀느니라 [롬 5:12]
> 내가 죄악 중에서 출생하였음이여 어머니가 죄 중에서 나를 잉태하였나이다 [시 51:5]

사망이 죄로부터 온 것입니다. 모든 사람, 심지어 죄를 짓지 아니한 갓난아이까지도 죽는다면 이는 죄가 있기 때문입니다. 다윗은 모친의 모태 속에서 이미 죄인으로 잉태되어 태어나 죄를 지었다고 고백하고 있습니다.

(2) 이미 지은 죄를 없게 할 수 없기 때문에

사람은 본성이 타락되었기 때문에 죄를 짓지 않을 수 없는 존재입니다. 아무리 순진무구해 보이는 어린아이일지라도 본성 속에 죄성이 있기 때문에 자라면서 저절로 생각이나 말이나 행동으로 수많은 죄를 짓게 됩니다. 이것을 본죄, 즉 본인이 지은 죄라고 합니다. 사람은 지은 이 죄들을 자신의 노력이나 방법으로 없게 하지 못합니다. 스스로 이 죄들을 한 점도 청산할 수 없습니다.

> 주 여호와의 말씀이니라 네가 잿물로 스스로 씻으며 네가 많은 비누를 쓸지라도 네 죄악이 내 앞에 그대로 있으리니 [렘 2:22]

여기서 '잿물'이나 '비누'는 더러움을 씻는 강력한 세제로서 인간이 죄를 해결하려는 수단과 방법을 상징하고 있습니다. 따라서 인간이 죄를 해결하려는 어떠한 수단과 방법 또는 노력도 아무런 효력이 없다는 뜻입니다.

(3) 앞으로 죄를 짓지 않고 살 수 없기 때문에

사람은 본성이 타락하고 부패하였기 때문에 지금부터 개과천선하여 아무리 선하게 살려고 노력한다 해도 죄를 짓지 않고 완전히 선을 행할 수가 없습니다. 사람은 육신이 있는 한 죽는 날까지 크고 작은 죄를 지을 수밖에 없습니다. 물론 사회의 관습이나 도덕, 혹은 사회 법에 비추어 건실하게 살며 칭찬을 듣고 사는 사람도 적지 않는 것은 사실이지만, 그렇다고 그가 생각이나 말이나 행위에서 하나님의 법에 비추어 죄를 짓지 않고 살 수는 없습니다.

선을 행하고 전혀 죄를 범하지 아니하는 의인은 세상에 없기 때문이로다 [전 7:20]

2) 보혜사 성령을 모시는 문제

하나님의 영이 죄지은 인간 안에 거하실 수 없어 떠나시자, 사탄의 영, 즉 사령이 들어와 인간을 지배하여 완강히 버티고 나가려 하지 않습니다. 인간의 힘으로는 사탄을 쫓아낼 수 없습니다.

따라서 예수님께서 십자가를 통하여 인류의 죄를 대속하시고 보혜

2. 타 락

사 성령을 주시어 인간 안에 내주하게 하시므로 사령을 내어 쫓으시고 범죄로 인해 떠난 하나님의 영을 회복하실 것을 말씀하셨습니다(요14:16-17; 15:26; 16:13). 보혜사 성령께서는 인간 안에 다시 들어오고 싶어 하시지만 인간이 죄가 있기 때문에 들어오실 수가 없으십니다. 그러나 십자가의 공로를 의지하여 죄 사함을 받게 되면 보혜사 성령께서 내주하실 수 있으십니다. 설혹 침례를 받지 않아 죄 사함을 받지 못한 상태라 하더라도 보혜사 성령께서 내주하실 수 있으십니다. 왜냐하면 죄 사함을 받을 약속이 있기 때문입니다. 따라서 침례를 받기 전에도 성령을 먼저 받는 경우는 이러한 이유 때문입니다(행10:44-48).

인간은 자기 능력으로는 결코 보혜사 성령을 모셔 들이거나 사탄의 영을 내어 쫓을 수 있는 능력이 없습니다. 오직 보혜사 성령께서 우리 안에 내주하실 때 사령을 내어 쫓을 수 있게 되어 법적으로 하나님의 권세, 즉 보혜사 성령의 다스림 아래 놓이게 됩니다.

> 그러나 내가 하나님의 성령을 힘입어 귀신을 쫓아내는 것이면 하나님의 나라가 이미 너희에게 임하였느니라 사람이 먼저 강한 자를 결박하지 않고서야 어떻게 그 강한 자의 집에 들어가 그 세간을 강탈하겠느냐 결박한 후에야 그 집을 강탈하리라 [마 12:28-29]

보혜사 성령으로 마귀의 세력을 쫓아내면 하나님의 나라가 성도에게 임한다고 말하고 있습니다. 보혜사 성령을 받게 되면 하나님의 통치가 성도의 마음 즉, 영적 세계에 임하여 성도의 마음이 하나님의 나라가 됩니다. 그러기 위해서는 먼저 '강한 자' 마귀를 더 강하신 보혜사 성령께서 오셔서 결박해야 한다는 것입니다.

7. 성령의 역사와 사령의 역사

인간의 마음은 영적인 땅이요 영들의 활동무대입니다. 문제는 인간의 마음을 누가 소유하고 있는가 하는 소유권의 문제입니다. 범죄하기 이전에는 하나님의 영이 인간 안에 있어 인간이 하나님의 소유가 되어 하나님의 통치 아래 있었습니다. 그러나 범죄한 이후에 하나님의 영이 떠나자 사탄의 영이 들어와 인간을 지배하여 사탄의 소유로 삼아 인간에 대한 소유권이 사탄에게로 넘어가고 말았습니다. 이것을 사탄의 권세 아래 있다고 하는 것입니다. 즉 죄로 인하여 사탄의 지배 아래 놓이게 된 것입니다(사50:1). 그러나 물과 성령으로 거듭나면 사령의 지배 아래서 벗어나 하나님의 지배와 소유 아래 있게 됩니다. 이러한 상태를 가리켜 보혜사 성령께서 내주해서 사령을 내어 쫓는다고 표현한 것입니다(마12:28-29).

소유권이 아무리 하나님께 있다 하더라도 인간의 마음은 영적인 땅이요 영들의 활동무대이기 때문에 사령도 역시 사람 안에서 활동을 합니다. 보혜사 성령을 받은 사람이라 하더라도 마음에 사령이 활동하여 죄를 짓는 경우가 있습니다. 보혜사 성령이 내주하여 그 사람이 하나님의 소유가 되었고 하나님의 권세 아래 있는데 어떻게 사령의 미혹을 받아 죄를 지을 수 있겠습니까? 인간의 논리나 사고로서는 쉽게 납득이 가지 않는 내용이지만 영적인 세계에서는 충분히 있을 수 있는 일입니다. 이렇게 사령이 보혜사 성령 받은 성도 안에 활동하는 것은 소유권을 가지고 역사하는 것이 아닙니다. 영계의 오묘한 법칙을 모르고 영계의 일을 단지 물질적 관념으로 이해하려 하면 오해를 낳을 수도 있습니다. 사령의 지배 아래 있는 사람에게도 하나님의 성령이 역사할 수도 있으며 보혜사 성령의 지배 아래 있는 성도에게도 사령의 역사가 있을 수 있습니다.

8. 사령의 지배와 귀신 들린 것과는 어떻게 다른가?

성경에는 귀신 들린 사람들의 기록이 있습니다. 그러므로 귀신의 활동과 사령의 지배라는 문제에 대해 오해를 하는 경우가 있습니다. 사령이 지배하는데 어떻게 귀신이 들릴 수 있는가 하는 의문입니다.

보혜사 성령 내주와 사령의 지배는 일종의 법적인 측면에서 소유권의 문제입니다. 사람에게 귀신 들린 역사는 사령의 다른 측면의 활동입니다. 사령의 보편적인 지배는 범죄한 모든 인간에게 해당되는 것이며 귀신 들림의 일은 사령의 특수한 활동입니다.

귀신은 사탄의 무리 중의 한 부류로서 그들의 역할은 사람 안에 들어와 육체를 병들게 하기도 하고 생각과 감정과 의지인 인격을 지배해 정신착란을 일으키게도 하여 사탄의 특수한 목적을 수행합니다. 즉, 사탄의 존재를 과시하고 인간을 괴롭히며 하나님을 대적합니다(눅8:26-35, 행16:16-18).

회복의 계획

1. 하나님은 사탄의 권세 아래서 죄로 인해 멸망받을 수밖에 없는 인간을 불쌍히 여기시고 사랑하셔서 최초의 인간처럼 회복하여 구원하실 계획을 세우셨습니다.
2. 그 회복의 계획이 바로 예수 그리스도의 십자가를 통한 죄 사함과 성령의 내주입니다. 이 두 가지가 구원의 핵심으로써 구약성경에서 줄기차게 예언되었으며, 신약은 그 실현을 보여주고 있습니다.
3. 하나님께서 이를 위해 하나님 자신이 육신으로 이 땅에 오셔서, 인간의 죄를 대신 지시고, 십자가에 달리시어 피 흘려 죽으시고 장사된 지 3일 만에 부활하셨습니다. 그분이 바로 예수 그리스도이십니다. 그리고 그를 믿는 자에게 값없이 은혜로 이 두 가지 문제를 해결할 수 있도록 하셨습니다.
4. 그 방법이 바로 예수님께서 말씀하신 거듭남입니다. 거듭남이란 죄 사함의 침례이며, 보혜사 성령을 받아 방언을 말하는 것입니다.

    이 거듭남을 예수님은 '물과 성령으로 나는 것'이라고 했으며, 바울 사도는 '중생의 씻음과 성령의 새롭게 하심'이라고 했습니다.

    침례를 받아 죄 사함을 얻으면 의롭다 칭함을 받으며 구원을 얻게 됩니다. 그리고 성령을 받게 되면 하나님의 영이 인간을 지

제2편
본론

배하는 사령을 내어 쫓으시고 인간 안에 내주하시게 됩니다.
5. 거듭남으로써 이 두 가지 문제를 해결한 사람은 사탄의 권세에서 하나님의 권세로 들어와 영적으로 범죄하기 이전의 인간처럼 회복되어, 엄청난 복된 신분의 변화를 받게 되며, 또한 복되고 풍성한 삶을 누리도록 하시고, 장차 죽게 되면 그 영혼이 낙원을 거쳐, 영원한 천국에 들어갈 자격을 얻게 됩니다.
6. 이 하나님의 권세가 영적 에덴이며, 이 땅에 건설될 하나님의 나라이며, 새 예루살렘이며, 천년 왕국이며, 교회입니다. 교회는 영적으로 영광스러운 장소입니다.

3. 회복의 계획

01

하나님은 사탄의 권세 아래서 죄로 인해 멸망받을 수밖에 없는 인간을 불쌍히 여기시고 사랑하셔서 최초의 인간처럼 회복하여 구원하실 계획을 세우셨습니다

1. 죄로 인해 멸망받게 될 인간

죄를 지은 인간은 그 죄로 인해 멸망을 받게 됩니다. 멸망이란 죽음을 말하고 있습니다. 죽음이란, '사라진다, 없어진다'라는 의미가 아니라 하나님과 분리된 상태를 말합니다. 범죄로 인해 하나님의 영이 인간을 떠난 상태가 영적 죽음이며(롬 6:23), 영혼이 육체와 분리된 상태가 죽음이며(약2:26), 인간의 육체가 죽은 후 영혼이 하나님과 영원히 분리되어 관계 개선의 여지가 없어진 상태를 사망, 영원한 불·영원한 멸망의 형벌·영원한 불의 형벌·둘째 사망 곧 불 못 등으로 표현하고 있습니다. 대부분의 사람들은 죄로 인해 인간이 영적으로 죽어 있으며 그 결과로 육체적 죽음이 있으며 최후로 죽은 후 영원한 지옥에서 고통을 당한다는 사실을 알지 못하거나 외면하면서 살아가고 있습니다. 이러한 영원한 지옥에서 구원받아야 하는 것이 인간의 가장 절박한 일입니다.

제2편
본 론

> 욕심이 잉태한즉 죄를 낳고 죄가 장성한즉 사망을 낳느니라 [약 1:15]
> 또 왼편에 있는 자들에게 이르시되 저주를 받은 자들아 나를 떠나 마귀와 그 사자들을 위하여 예비된 영원한 불에 들어가라 [마 25:41]
> 하나님을 모르는 자들과 우리 주 예수의 복음을 복종치 않는 자들에게 형벌을 주시리니 이런 자들은 주의 얼굴과 그의 힘의 영광을 떠나 영원한 멸망의 형벌을 받으리로다 [살후 1:8-9]
> 사망과 음부도 불못에 던져지니 이것은 둘째 사망 곧 불못이라
> [계 20:14]

2. 하나님께서 먼저 인간을 불쌍히 여기셔서 사랑하심

인간은 하나님의 명령을 어기고 타락되어 사탄의 지배 아래 놓여 죄로 인해 영원한 형벌을 받게 되는 비참한 운명에 놓이게 되었습니다. 인간은 스스로 이 비참한 운명에서 벗어날 수 없습니다. 따라서 인간이 스스로 구원받을 수 있는 능력이 전혀 없기 때문에 하나님은 먼저 인간을 불쌍히 여기시어 구원하실 계획을 마련하셨습니다. 사탄은 스스로 범죄하였고 지속적으로 하나님을 거역하고 대적하며 전혀 회개할 뜻을 갖지 않습니다. 따라서 하나님은 사탄에게는 결코 구원을 허락하지 않습니다. 하지만 인간은 사탄의 유혹을 받아 범죄하였기 때문에 하나님은 인간을 불쌍히 여기시고 구원받을 기회를 허락하셨습니다.

3. 회복의 계획

하나님이 세상을 이처럼 사랑하사 독생자를 주셨으니 이는 그를 믿는 자마다 멸망하지 않고 영생을 얻게 하려 하심이라 [요 3:16]
우리가 아직 죄인 되었을 때에 그리스도께서 우리를 위하여 죽으심으로 하나님께서 우리에 대한 자기의 사랑을 확증하셨느니라

[롬 5:8]

하나님의 사랑이 우리에게 이렇게 나타난 바 되었으니 하나님이 자기의 독생자를 세상에 보내심은 그로 말미암아 우리를 살리려 하심이라 사랑은 여기 있으니 우리가 하나님을 사랑한 것이 아니요 하나님이 우리를 사랑하사 우리 죄를 속하기 위하여 화목 제물로 그 아들을 보내셨음이라 [요일 4:9-10]

3. 최초 인간처럼 회복하여 구원하심

구원이란, 엄밀히 말해 최초의 에덴동산의 상태로의 회복인 것입니다. 에덴동산에서와 같이 죄 없는 상태가 되어 하나님의 영을 인간 안에 모시는 것이 구원입니다.

밀턴[1]은 아담과 하와의 범죄로 에덴동산에서 추방된 상태를 실낙

---

1 존 밀턴 1608-1674, 영국시인, 『실낙원(失樂園)』, 『복낙원(福樂園)』의 저자로서 셰익스피어에 버금가는 대 시인이다.
  실낙원은 『구약성서』의 『창세기』를 소재로 아담과 이브의 타락과 낙원추방을 묘사한다. 『실낙원』의 주제가 사탄의 유혹에 패배한 아담과 이브의 낙원 상실이라면, 『복낙원 Paradise Regained』은 제2의 아담으로 불리는 예수 그리스도가 사탄의 유혹을 이기고 인류에게 상실한 낙원을 회복시켜 준다는 것을 주제로 한 작품이다.

원(失樂園) 즉 에덴 낙원의 상실이라 했으며, 예수 그리스도의 십자가를 통한 구원을 복낙원(復樂園) 즉 에덴 낙원의 회복이라고 표현을 했습니다. 물질적 에덴동산은 노아 홍수 때 훼멸되어 버렸습니다. 그러므로 물질적 에덴으로의 회복이 아니라 영적 에덴동산으로의 회복을 통하여 최후로 죽은 후 영원한 하늘나라에서 우리의 회복과 구원이 완성됩니다.

　인간은 본래 육신을 가지고 이 땅에서 영원히 살도록 창조되었습니다. 그러나 아담과 하와가 하나님의 명령을 어기고 타락하자 그 계획은 취소되고 영원히 사는 새로운 방법을 계획하셨습니다. 하나님은 인간이 선악과를 따먹지 않았다면 이 땅에서 영원히 살도록 계획하셨지만 선악과를 따먹었을 때의 계획도 이미 세워 놓으셨습니다. 그 계획이 바로 예수 그리스도의 구속(救贖)을 통하여 육체가 영광의 몸으로 부활 변화하여 그 영체(靈體)를 가지고 천국에서 영원히 사는 것이었습니다. 하나님은 예수 그리스도의 구속을 통하여 에덴동산의 영광스러움보다 더 위대하게 영원한 천국에서 회복하여 주실 것입니다.

02

그 회복의 계획이 바로 예수 그리스도의 십자가를 통한 죄 사함과 보혜사 성령의 내주입니다. 이 두 가지가 구원의 핵심으로서 구약성경

3. 회복의 계획

에서 줄기차게 예언된 것이며 신약은 그 실현을 보여주고 있습니다

1. 예수 그리스도의 십자가를 통한 구원

예수 그리스도는 인간의 구원을 위하여 인간의 모든 죄를 담당하시고 십자가에 못 박혀 죽으셨습니다. 성경은 구원을 받기 위해서는 오직 예수 그리스도의 십자가를 통하여 구원을 받을 수 있다고 말합니다.

그리스도께서 나를 보내심은 침례를 베풀게 하려 하심이 아니요 오직 복음을 전하게 하려 하심이로되 말의 지혜로 하지 아니함은 그리스도의 십자가가 헛되지 않게 하려 함이라 십자가의 도가 멸망하는 자들에게는 미련한 것이요 구원을 받는 우리에게는 하나님의 능력이라 [고전 1:17,18]
그의 십자가의 피로 화평을 이루사 만물 곧 땅에 있는 것들이나 하늘에 있는 것들이 그로 말미암아 자기와 화목하게 되기를 기뻐하심이라 [골 1:20]
또 십자가로 이 둘을 한 몸으로 하나님과 화목하게 하려 하심이라 원수 된 것을 십자가로 소멸하시고 [엡 2:16]
예수께서 신 포도주를 받으신 후에 이르시되 다 이루었다 하시고 머리를 숙이니 영혼이 떠나가시니라 [요 19:30]

통치자들과 권세들을 무력화하여 드러내어 구경거리로 삼으시고 십자가로 그들을 이기셨느니라 [골 2:15]

예수님의 십자가는 땅에서 하늘까지 이어진 구원의 사다리입니다. 하늘나라로 가는 영광의 교량입니다(창28:10-12, 요1:51).

예수께서 이르시되 내가 곧 길이요 진리요 생명이니 나로 말미암지 않고는 아버지께로 올 자가 없느니라 [요 14:6]

2. 죄 사함과 성령의 내주에 관한 구약의 예언과 신약의 성취

구원은 죄 사함을 받고 보혜사 성령을 모셔 들이는 데 있습니다. 구약성경에 여러 예언들이 있지만, 구원에 관한 한 예수 그리스도가 기차라면 이 두 가지가 마치 철도의 두 레일처럼 예언의 핵심을 이루고 있습니다. 예수 그리스도를 믿고, 구원을 얻어 영원한 천국에 가려면 반드시 죄 사함과 보혜사 성령의 내주를 통해서만이 목적지에 도달할 수 있습니다. 그 예언들을 살펴보겠습니다.

1) 예수 그리스도에 관한 예언

성경은 예언과 예언의 성취기록입니다. 많은 예언들 중 예수 그리스도에 관한 예언과 구원을 위한 죄 사함과 보혜사 성령의 내주에 관한 예언이 가장 중요하고 핵심 되는 예언입니다. 원칙적으로 구약의 모든 내용은 예수 그리스도에 관하여 말씀하고 있습니다. 물론 예수 그리스도와 관련된 교회와 그의 지체 된 성도에 관한 것도 거기에 포함이 되어 있습니다.

> 너희가 성경에서 영생을 얻는 줄 생각하고 성경을 연구하거니와 이 성경이 곧 내게 대하여 증언하는 것이니라 [요 5:39]

그러나 여기에서는 예수 그리스도에 관한 예언들 중 대표적인 몇 가지만을 살펴보겠습니다.

(1) 여인의 후손

> 내가 너로 여자와 원수가 되게 하고 네 후손도 여자의 후손과 원수가 되게 하리니 여자의 후손은 네 머리를 상하게 할 것이요 너는 그의 발꿈치를 상하게 할 것이니라 하시고 [창 3:15]

성경에서 후손이라 함은 반드시 남자의 계통을 말하고 있습니다. 그러나 예수님은 처녀에게서 성령으로 잉태되어 태어나신 여인의 후손이십니다.

(2) 한 씨

또 네 씨로 말미암아 천하 만민이 복을 받으리니 이는 네가 나의 말을 준행하였음이니라 하셨다 하니라 [창 22:18]
이 약속들은 아브라함과 그 자손에게 말씀하신 것인데 여럿을 가리켜 그 자손들이라 하지 아니하시고 오직 한 사람을 가리켜 네 자손이라 하셨으니 곧 그리스도라 [갈 3:15]

창세기의 '씨'는 단수이며 신약에서는 자손으로 쓰였습니다. 만일 복수라면 모든 아브라함의 자손인 유대인들이 될 것이나 단수인 '씨'라고 했으니 천하 만민에게 영생의 복을 가져다줄 아브라함의 육신적 혈통의 씨, 곧 자손은 예수 그리스도라는 것입니다.

(3) 모세와 같은 선지자

네 하나님 여호와께서 너희 가운데 네 형제 중에서 너를 위하여 나와 같은 선지자 하나를 일으키시리니 너희는 그의 말을 들을지니라 [신 18:15]
이스라엘 자손에 대하여 하나님이 너희 형제 가운데서 나와 같은 선지자를 세우리라 하던 자가 곧 이 모세라 [행 7:37]
누구든지 그 선지자의 말을 듣지 아니하는 자는 백성 중에서 멸망 받으리라 하였고 [행 3:23]

모세는 이스라엘 백성을 애굽에서 인도하여 낸 위대한 지도자입니다. 모세가 이스라엘을 애굽에서 구원해 내듯이 예수께서도 애굽과 같은 죄악 세상에서 성도들을 구원하십니다. 예수는 바로 모세와 같은 그 선지자입니다. 그러므로 예수님께서 기사이적을 행하시며 전도하실 때 많은 사람들이 예수님이 모세와 같은 그 선지자라고 한 것입니다.

(4) 유월절 어린양

이스라엘 백성이 애굽에서 열 번째 재앙인 장자가 살해되는 재앙에서 어린양의 피를 인방과 문설주에 발라 죽음의 재앙을 면했던 것처럼, 죄로 인한 죽음의 재앙에서 우리 인간을 구원해 주실 분은 바로 어린양 되신 예수님이십니다. 예수님께서 십자가에서 피를 흘리셔서 그 피의 공로를 의지하여 죄 사함을 받아, 영원한 죽음인 지옥의 형벌을 면하게 되는 것입니다.

여호와께서 애굽 땅에서 모세와 아론에게 일러 말씀하시되 이 달을 너희에게 달의 시작 곧 해의 첫 달이 되게 하고 너희는 이스라엘 온 회중에게 말하여 이르라 이 달 열흘에 너희 각자가 어린 양을 잡을지니 각 가족대로 그 식구를 위하여 어린 양을 취하되… 너희 어린 양은 흠 없고 일 년 된 수컷으로 하되 양이나 염소 중에서 취하고 이 달 열나흗날까지 간직하였다가 해 질 때에 이스라엘 회중이 그 양을 잡고 그 피를 양을 먹을 집 좌우 문설주와 인방에 바

르고 그 밤에 그 고기를 불에 구워 무교병과 쓴 나물과 아울러 먹
되…이것이 여호와의 유월절이니라… 내가 애굽 땅을 칠 때에 그
피가 너희가 사는 집에 있어서 너희를 위하여 표적이 될지라 내가
피를 볼 때에 너희를 넘어가리니 재앙이 너희에게 내려 멸하지 아
니하리라 [출 12:1-13]
너희는 누룩 없는 자인데 새 덩어리가 되기 위하여 묵은 누룩을 내버
리라 우리의 유월절 양 곧 그리스도께서 희생되셨느니라 [고전 5:7]
이튿날 요한이 예수께서 자기에게 나아오심을 보고 이르되 보라
세상 죄를 지고 가는 하나님의 어린 양이로다 [요 1:29]

(5) 처녀의 몸에서 출생

이사야 선지자는 예수님께서 탄생하시기 약 700년 전의 선지자로
서 예수님의 탄생에 관하여 많은 예언을 했습니다. 이사야 선지자는
처녀가 잉태하여 아들을 낳을 것이라고 예언했으며 그 예언이 처녀
마리아를 통해 성취되었습니다.

그러므로 주께서 친히 징조를 너희에게 주실 것이라 보라 처녀가
잉태하여 아들을 낳을 것이요 그의 이름을 임마누엘이라 하리라
[사 7:14]
보라 처녀가 잉태하여 아들을 낳을 것이요 그의 이름은 임마누엘
이라 하리라 하셨으니 이를 번역한즉 하나님이 우리와 함께 계시
다 함이라 [마 1:23]

3. 회복의 계획

(6) 다윗의 후손에서 나심

여호와의 말씀이니라 보라 때가 이르리니 내가 다윗에게 한 의로운 가지를 일으킬 것이라 그가 왕이 되어 지혜롭게 다스리며 세상에서 정의와 공의를 행할 것이며 [렘 23:5]
[참고, 사 11:1-2]
바리새인들이 모였을 때에 예수께서 그들에게 물으시되 너희는 그리스도에 대하여 어떻게 생각하느냐 누구의 자손이냐 대답하되 다윗의 자손이니이다 [마 22:41-42]

이새는 다윗의 아버지입니다. 이새의 줄기라는 것은 다윗의 혈통에서 그리스도가 탄생하리라는 예언입니다.

(7) 반드시 베들레헴에서 탄생하심

베들레헴 에브라다야 너는 유다 족속 중에 작을지라도 이스라엘을 다스릴 자가 네게서 내게로 나올 것이라 그의 근본은 상고에, 영원에 있느니라 [미 5:2]
왕이 모든 대제사장과 백성의 서기관들을 모아 그리스도가 어디서 나겠느냐 물으니 이르되 유대 베들레헴이오니 이는 선지자로 이렇게 기록된 바 또 유대 땅 베들레헴아 너는 유대 고을 중에서 가장 작지 아니하도다 네게서 한 다스리는 자가 나와서 내 백성 이스

라엘의 목자가 되리라 하였음이니이다 [마 2:4-6]

　베들레헴은 다윗의 고향입니다. 예수 그리스도는 육신적 혈통으로 다윗의 후손이기 때문에 베들레헴에서 탄생하리라고 예언이 되었습니다. 이 예언대로 예수님은 베들레헴에서 탄생하셨습니다.

　(8) 한 아기

　이는 한 아기가 우리에게 났고 한 아들을 우리에게 주신 바 되었는데 그의 어깨에는 정사를 메었고 그의 이름은 기묘자라, 모사라, 전능하신 하나님이라, 영존하시는 아버지라, 평강의 왕이라 할 것임이라 [사 9:6]
　유대인의 왕으로 나신 이가 어디 계시냐 우리가 동방에서 그의 별을 보고 그에게 경배하러 왔노라 하니 [마 2:2]

　이사야 선지자는 '한 아기'가 바로 '전능하신 하나님이며 영존하시는 아버지며 평강의 왕'이라고 예언했습니다. 이러한 아기가 누구겠습니까? 예수님은 육신으로는 처녀 마리아의 몸을 빌려 인간으로 오셨지만 천지 만물을 창조하신 하나님이십니다.

　2) 죄 사함에 관한 예표와 예언
　(1) 가죽옷을 지어 아담·하와에게 입히심

3. 회복의 계획

이것은 매우 중요한 죄 사함에 관한 예표입니다.

아담·하와가 범죄하여 벌거벗은 수치를 느끼게 되자 무화과 나뭇잎으로 치마를 해 입었습니다.

이에 그들의 눈이 밝아져 자기들이 벗은 줄을 알고 무화과나무 잎을 엮어 치마로 삼았더라 [창 3:7]

그러나 하나님은 아담·하와에게 짐승의 가죽으로 옷을 입혀 벌거벗은 수치를 가리어 주셨습니다.

여호와 하나님이 아담과 그의 아내를 위하여 가죽옷을 지어 입히시니라 [창 3:21]

이것은 죄의 수치를 인간의 방법으로는 가릴 수 없고 오직 예수 그리스도의 죽음과 희생으로만 가릴 수 있음을 예표하고 있습니다.

① 벌거벗은 수치

인간이 죄를 범하면 죄가 폭로되어 벌을 받게 될지도 모른다는 두려움과 양심의 수치가 생기게 되며, 최종적으로 하나님의 심판대 앞에 모든 죄가 벌거벗은 듯이 드러나게 될 것을 상징하고 있습니다(히4:13).

지으신 것이 하나도 그 앞에 나타나지 않음이 없고 우리의 결산을 받

으실 이의 눈앞에 만물이 벌거벗은 것 같이 드러나느니라 [히 4:13]

② 무화과 나뭇잎

죄의 수치를 가리려는 인간적인 방법, 예를 들어 선행·입산수도·도덕적 수양·종교의식·죄의 합리화·망각 등입니다. 그러나 이러한 인간의 방법으로는 죄의 문제를 해결할 수 없습니다(사64:6).

무릇 우리는 다 부정한 자 같아서 우리의 의는 다 더러운 옷 같으며 우리는 다 잎사귀 같이 시들므로 우리의 죄악이 바람 같이 우리를 몰아가나이다 [사 64:6]

③ 동물의 가죽

동물이 죽어 피를 흘려야 가죽으로 옷을 만들 수가 있습니다. 이 동물의 가죽으로 수치를 영구적으로 가릴 수가 있습니다. 이 동물은 바로 예수 그리스도를 예표하고 있으며 예수 그리스도의 십자가 희생으로 죄가 가려질 수 있다는 것을 예표하고 있습니다(갈3:27).

누구든지 그리스도와 합하기 위하여 침례를 받은 자는 그리스도로 옷 입었느니라 [갈 3:27]

(2) 야곱이 양가죽으로 인하여 장자의 축복을 받음

에서가 장자의 축복을 받아야 하나, 야곱이 양의 가죽을 손과 목에 붙여 형 에서 대신 너무 늙어 앞을 못 보시는 아버지 이삭의 축복을 받은 사건도 예수 그리스도의 십자가 죽음을 통한 영생의 복을 받는 것을 예표하고 있습니다.

> 야곱이 그 아버지 이삭에게 가까이 가니 이삭이 만지며 이르되 음성은 야곱의 음성이나 손은 에서의 손이로다 하며 그의 손이 형 에서의 손과 같이 털이 있으므로 분별하지 못하고 축복하였더라 [창 27:22-23]

① 야곱
부모의 유업을 이어받을 수 없는 작은 아들 야곱은 죄를 범한 인간, 즉, 하나님의 유업인 천국을 유업으로 이어받을 수 없는 인간을 예표하고 있습니다.

② 양가죽으로 손목과 목을 덮음
양은 예수님을 나타내고 있습니다. 이것은 예수님의 희생으로 우리의 죄인 됨이 가리어진다는 것을 예표합니다.

③ 눈이 안 보이는 아버지 이삭
아버지 이삭은 하나님을 나타내고 있습니다. 우리의 아버지 되신 하나님은 우리의 죄인 된 본 모습을 보지 않으시고 예수 그리스도의 의(義)만을 확인하시고 우리에게 천국의 유업을 이을 자격을 주실 것을 예표합니다.

(3) 동물의 속죄제사

레위기의 동물의 속죄제사는 모두 예수 그리스도의 죄 사함에 관한 예표입니다(레4:1-12).

구약시대에는 십계명을 범하면 소나 양을 죽여 피를 흘리고 제물을 제단에 드려 속죄의 제사를 드려서 죄 사함을 받아야 했습니다. 그러나 이러한 방법은 죄의 문제를 근본적으로 해결할 수 없습니다. 그러므로 예수님께서 오셔서 십자가에서 피 흘려 죽으심으로 믿는 자에게 죄 사함의 길을 열어놓으셨습니다. 그리고 구약의 의식에 속한 모든 제도를 폐하셨습니다. 그러한 제도들은 예수의 구속을 예표하며 설명하는 단지 모형과 그림자일 뿐입니다.

> 율법은 장차 올 좋은 일의 그림자일 뿐이요 참 형상이 아니므로 해마다 늘 드리는 같은 제사로는 나아오는 자들을 언제나 온전하게 할 수 없느니라 그렇지 아니하면 섬기는 자들이 단번에 정결하게 되어 다시 죄를 깨닫는 일이 없으리니 어찌 제사 드리는 일을 그치지 아니하였으리요 그러나 이 제사들에는 해마다 죄를 기억하게 하는 것이 있나니 이는 황소와 염소의 피가 능히 죄를 없이 하지 못함이라 [히 10:1-4]
>
> 제사장마다 매일 서서 섬기며 자주 같은 제사를 드리되 이 제사는 언제나 죄를 없게 하지 못하거니와 오직 그리스도는 죄를 위하여 한 영원한 제사를 드리시고 하나님 우편에 앉으사 [히 10:11-12]

3. 회복의 계획

(4) 이스라엘 백성이 홍해를 건넘

이스라엘 백성들이 애굽을 나와 약속의 땅 가나안에 들어가는 여정은 성도들이 죄악 세상을 벗어나 영원한 천국에 들어가는 과정을 예표하고 있습니다. 애굽은 사탄의 권세 아래에 있는 죄악 세상을, 애굽 왕 바로는 마귀를, 홍해를 건너는 것은 침례를, 광야 40년의 여정은 거듭난 후 믿음생활을, 불과 구름 기둥의 인도는 성령의 인도하심을, 만나는 예수님의 말씀을, 요단강은 죽음을, 가나안 땅은 천국을 예표하고 있습니다.

이스라엘 백성들이 홍해를 건너는 것은 침례를 받는 것을 예표하고 있습니다. 사도들을 예수를 믿고 침례를 받을 때 죄 사함이 있다고 말하고 있습니다(행2:38, 22:16). 따라서 이스라엘 백성이 홍해를 건너는 것은 죄 사함을 받아 사탄의 권세에서 나와 구원을 받는 것을 예표하고 있습니다.

> 형제들아 나는 너희가 알지 못하기를 원하지 아니하노니 우리 조상들이 다 구름 아래에 있고 바다 가운데로 지나며 모세에게 속하여 다 구름과 바다에서 침례를 받고 [고전 10:1-2]

(5) 광야에서 들린 놋뱀

백성이 모세에게 이르러 말하되 우리가 여호와와 당신을 향하여 원망함으로 범죄하였사오니 여호와께 기도하여 이 뱀들을 우리에게서 떠나게 하소서 모세가 백성을 위하여 기도하매 여호와께서 모세에게 이르시되 불뱀을 만들어 장대 위에 매달아라 물린 자마다 그것을 보면 살리라 모세가 놋뱀을 만들어 장대 위에 다니 뱀에게 물린 자가 놋뱀을 쳐다본즉 모두 살더라 [민 21:7-9, 개정]

광야에서 이스라엘 백성들이 하나님과 모세를 원망하므로 불뱀이 나타나 많은 백성들이 물려 그 독으로 죽게 되었습니다. 그런데 하나님은 모세에게 놋뱀을 만들어 장대에 달으라고 했으며, 불뱀에 물린 사람은 누구나 장대에 달린 놋뱀을 보면 살리라고 했습니다.

불뱀은 마귀를 상징합니다. 죄를 지은 모든 사람들은 마귀에게 물려 죄의 독이 인간 안에 들어와 죽게 되었습니다.

놋뱀은 예수님을 상징합니다. 예수님은 죄인의 모습으로 십자가에 달려 죽으셨습니다. 장대에 달린 뱀을 보는 사람마다 독이 제거되어 살게 되듯이 십자가에 달린 예수님을 믿으면 죄가 사함받아 구원을 얻게 됩니다.

모세가 광야에서 뱀을 든 것 같이 인자도 들려야 하리니 이는 그를 믿는 자마다 영생을 얻게 하려 하심이니라 [요 3:14,15]

(6) 죄 사함에 관한 예언

내가 네 허물을 **빽빽**한 구름 같이, 네 죄를 안개 같이 없이하였으

니 너는 내게로 돌아오라 내가 너를 구속하였음이니라 [사 44:22]

위의 말씀은 예수께서 십자가에서 인류의 모든 죄를 대속한 것을 예언하고 있습니다. 따라서 "네 허물을 빽빽한 구름 같이, 네 죄를 안개 같이 없이 하였으니" "너를 구속하였음이니라"라고 과거형으로 예언하고 있습니다.

다시 우리를 불쌍히 여기셔서 우리의 죄악을 발로 밟으시고 우리의 모든 죄를 깊은 바다에 던지시리이다 [미 7:19]
나 곧 나는 나를 위하여 네 허물을 도말하는 자니 네 죄를 기억하지 아니하리라 [사 43:25]

위의 말씀은 하나님께서는 십자가의 대속을 통하여 인간의 허물과 죄를 다 용서해 놓으시고 구원받을 자기 백성들이 돌아와 대속의 은혜를 누리라는 예언의 말씀입니다. 따라서 본문은 "죄를 깊은 던지시리이다" "네 죄를 기억하지 아니하리라"는 미래형으로 예언하고 있습니다. 그 대속의 은혜를 누리는 방법이 바로 예수를 믿고 침례를 받는 것이며, 그리고 생명의 성령의 법에 따라 사는 것입니다.

3) 보혜사 성령을 모시는 것에 관한 예언

성령은 하나님의 영이십니다. 성령에 관한 신학적인 더 깊은 문제는 성령론에서 상고하기로 하고 여기서는 구원의 관점에서 필요한 지식들만 간단히 언급하기로 하겠습니다.

(1) 성령의 명칭
① 성령(눅2:26), 진리의 영(요16:3), 지혜의 영(신34:9), 계시의 영(엡1:17), 심판하는 영(사28:6), 소멸하는 영(사4:4) 등
② 하나님의 영(마3:16), 아버지의 영(마10:20), 여호와의 영(사11:2), 여호와의 신(사11:2) 등
③ 예수의 영(행16:7), 주의 영(눅4:18), 그리스도의 영(롬8:9)
④ 보혜사(요14:26) : 도와주시는 분, 위로해 주시는 분, 변호해 주시는 분, 상담해 주시는 분 등의 의미를 가지고 있습니다.

(2) 성령의 상징
① 바람, 생기, 숨

홀연히 하늘로부터 급하고 강한 바람 같은 소리가 있어 그들이 앉은 온 집에 가득하며 마치 불의 혀처럼 갈라지는 것들이 그들에게 보여 각 사람 위에 하나씩 임하여 있더니 그들이 다 성령의 충만함을 받고 성령이 말하게 하심을 따라 다른 언어들로 말하기를 시작하니라 [행 2:2-4]
바람이 임의로 불매 네가 그 소리는 들어도 어디서 와서 어디로 가는지 알지 못하나니 성령으로 난 사람도 다 그러하니라 [요 3:8]
여호와 하나님이 땅의 흙으로 사람을 지으시고 생기를 그 코에 불

3. 회복의 계획

어넣으시니 사람이 생령이 되니라 [창 2:7] [참고, 겔 37:1-10]
이 말씀을 하시고 그들을 향하사 숨을 내쉬며 이르시되 성령을 받으라 [요 20:22]

② 불

홀연히 하늘로부터 급하고 강한 바람 같은 소리가 있어 그들이 앉은 온 집에 가득하며 마치 불의 혀처럼 갈라지는 것들이 그들에게 보여 각 사람 위에 하나씩 임하여 있더니 그들이 다 성령의 충만함을 받고 성령이 말하게 하심을 따라 다른 언어들로 말하기를 시작하니라 [행 2:2-4]
이는 주께서 심판하는 영과 소멸하는 영으로 시온의 딸들의 더러움을 씻기시며 예루살렘의 피를 그 중에서 청결하게 하실 때가 됨이라 [사 4:4]

③ 비

봄비가 올 때에 여호와 곧 구름을 일게 하시는 여호와께 비를 구하라 무리에게 소낙비를 내려서 밭의 채소를 각 사람에게 주시리라 [슥 10:1]
마침내 위에서부터 영을 우리에게 부어 주시리니 광야가 아름다운 밭이 되며 아름다운 밭을 숲으로 여기게 되리라 [사 32:15]

④ 물

명절 끝날 곧 큰 날에 예수께서 서서 외쳐 이르시되 누구든지 목마르거든 내게로 와서 마시라 나를 믿는 자는 성경에 이름과 같이 그 배에서 생수의 강이 흘러나오리라 하시니 이는 그를 믿는 자들이 받을 성령을 가리켜 말씀하신 것이라 (예수께서 아직 영광을 받지 않으셨으므로 성령이 아직 그들에게 계시지 아니하시더라)
[요 7:37-39] [참고, 겔 47:1-12, 계 22:1-5]

⑤ 기름

하나님이 나사렛 예수에게 성령과 능력을 기름 붓듯 하셨으매 그가 두루 다니시며 선한 일을 행하시고 마귀에게 눌린 모든 사람을 고치셨으니 이는 하나님이 함께 하셨음이라 [행 10:38]
너희는 주께 받은 바 기름 부음이 너희 안에 거하나니 아무도 너희를 가르칠 필요가 없고 오직 그의 기름 부음이 모든 것을 너희에게 가르치며 또 참되고 거짓이 없으니 너희를 가르치신 그대로 주 안에 거하라 [요일 2:27]

⑥ 비둘기

예수께서 침례를 받으시고 곧 물에서 올라오실 새 하늘이 열리고

3. 회복의 계획

하나님의 성령이 비둘기 같이 내려 자기 위에 임하심을 보시더니

[마 3:16]

⑦ 인

그 안에서 너희도 진리의 말씀 곧 너희의 구원의 복음을 듣고 그 안에서 또한 믿어 약속의 성령으로 인치심을 받았으니 [엡 1:13]
또 보매 다른 천사가 살아 계신 하나님의 인을 가지고 해 돋는 데로부터 올라와서 땅과 바다를 해롭게 할 권세를 받은 네 천사를 향하여 큰 소리로 외쳐 이르되 우리가 우리 하나님의 종들의 이마에 인치기까지 땅이나 바다나 나무들을 해하지 말라 하더라 내가 인침을 받은 자의 수를 들으니 이스라엘 자손의 각 지파 중에서 인침을 받은 자들이 십사만 사천이니 [계 7:2-4]

(3) 보혜사 성령 받을 것에 관한 예언
① 솔로몬의 예언

나의 책망을 듣고 돌이키라 보라 내가 나의 영을 너희에게 부어 주며 내 말을 너희에게 보이리라 [잠 1:23]

② 이사야 선지자의 예언

마침내 위에서부터 영을 우리에게 부어 주시리니 광야가 아름다운

밭이 되며 아름다운 밭을 숲으로 여기게 되리라 [사 32:15]
나는 목마른 자에게 물을 주며 마른 땅에 시내가 흐르게 하며 나의 영을 네 자손에게, 나의 복을 네 후손에게 부어 주리니 [사 44:3]

③ 에스겔 선지자의 예언

내가 그들에게 한 마음을 주고 그 속에 새 영을 주며 그 몸에서 돌 같은 마음을 제거하고 살처럼 부드러운 마음을 주어 내 율례를 따르며 내 규례를 지켜 행하게 하리니 그들은 내 백성이 되고 나는 그들의 하나님이 되리라 [겔 11:19-20]
또 새 영을 너희 속에 두고 새 마음을 너희에게 주되 너희 육신에서 굳은 마음을 제거하고 부드러운 마음을 줄 것이며 또 내 영을 너희 속에 두어 너희로 내 율례를 행하게 하리니 너희가 내 규례를 지켜 행할지라 [겔 36:26-27]
내가 다시는 내 얼굴을 그들에게 가리지 아니하리니 이는 내가 내 영을 이스라엘 족속에게 쏟았음이라 주 여호와의 말씀이니라
[겔 39:29]

④ 골짜기의 마른 뼈에 대한 환상

여호와께서 권능으로 내게 임재하시고 그의 영으로 나를 데리고 가서 골짜기 가운데 두셨는데 거기 뼈가 가득하더라 나를 그 뼈 사

3. 회복의 계획

방으로 지나가게 하시기로 본즉 그 골짜기 지면에 뼈가 심히 많고 아주 말랐더라 그가 내게 이르시되 인자야 이 뼈들이 능히 살 수 있겠느냐 하시기로 내가 대답하되 주 여호와여 주께서 아시나이다 또 내게 이르시되 너는 이 모든 뼈에게 대언하여 이르기를 너희 마른 뼈들아 여호와의 말씀을 들을지어다 주 여호와께서 이 뼈들에게 이같이 말씀하시기를 내가 생기를 너희에게 들어가게 하리니 너희가 살아나리라 너희 위에 힘줄을 두고 살을 입히고 가죽으로 덮고 너희 속에 생기를 넣으리니 너희가 살아나리라 또 내가 여호와인 줄 너희가 알리라 하셨다 하라 이에 내가 명령을 따라 대언하니 대언할 때에 소리가 나고 움직이며 이 뼈, 저 뼈가 들어맞아 뼈들이 서로 연결되더라 내가 또 보니 그 뼈에 힘줄이 생기고 살이 오르며 그 위에 가죽이 덮이나 그 속에 생기는 없더라 또 내게 이르시되 인자야 너는 생기를 향하여 대언하라 생기에게 대언하여 이르기를 주 여호와께서 이같이 말씀하시기를 생기야 사방에서부터 와서 이 죽음을 당한 자에게 불어서 살아나게 하라 하셨다 하라 이에 내가 그 명령대로 대언하였더니 생기가 그들에게 들어가매 그들이 곧 살아나서 일어나 서는데 극히 큰 군대더라 또 내게 이르시되 인자야 이 뼈들은 이스라엘 온 족속이라 그들이 이르기를 우리의 뼈들이 말랐고 우리의 소망이 없어졌으니 우리는 다 멸절되었다 하느니라 … 내 백성들아 내가 너희 무덤을 열고 너희로 거기에서 나오게 한즉 너희는 내가 여호와인 줄을 알리라 내가 또 내 영을 너희 속에 두어 너희가 살아나게 하고 내가 또 너희를 너희 고국 땅에 두리니

나 여호와가 이 일을 말하고 이룬 줄을 너희가 알리라 여호와의 말씀이니라 [겔 37:1-14]

여기서 '생기'라는 말의 문자적인 뜻은 '살아 있는 기운'이며 원문의 뜻은 '영(루아)'입니다. 에스겔이 본 환상은 죄로 인해 영적으로 죽은 인간들이 예수 그리스도를 통하여 보혜사 성령을 받아 영원한 생명을 얻어 영적으로 소생하는 광경을 매우 감동적이고 생생하게 묘사한 내용입니다. 창세기 2장 7절에서 하나님이 생기를 아담의 코에 불어넣으시니 생령이 된 것과 같은 모습입니다.

⑤ 요엘 선지자의 예언

그 후에 내가 내 영을 만민에게 부어 주리니 너희 자녀들이 장래 일을 말할 것이며 너희 늙은이는 꿈을 꾸며 너희 젊은이는 이상을 볼 것이며 그 때에 내가 또 내 영을 남종과 여종에게 부어 줄 것이며
[욜 2:28-29]
이는 곧 선지자 요엘을 통하여 말씀하신 것이니 일렀으되 하나님이 말씀하시기를 말세에 내가 내 영을 모든 육체에 부어 주리니 너희의 자녀들은 예언할 것이요 너희의 젊은이들은 환상을 보고 너희의 늙은이들은 꿈을 꾸리라 [행 2:16-17]

예수님의 제자들이 오순절에 처음 보혜사 성령을 받고 방언을 말

3. 회복의 계획

했을 때 많은 사람들이 몰려와 이상히 여기며 조롱하는 사람들이 있었습니다. 그때 베드로가 일어나 요엘 선지자의 예언을 들어서 보혜사 성령 받은 것이 결코 술 취하거나 미친 행동이 아니라 하나님의 예언이 성취된 것이라고 했습니다. 요엘 선지자는 예수님 오시기 전 약 700년 전의 선지자입니다. 그러니까 예수님 오시기 약 700년 전에 믿는 자에게 보혜사 성령이 내릴 것에 대한 예언이 성취된 것입니다.

03

하나님께서 이를 위해 하나님 자신이 육신으로 이 땅에 오셔서, 인간의 죄를 대신 지시고, 십자가에 달리시어 피 흘려 죽으시고, 장사된 지 3일 만에 부활하셨습니다. 그리고 그를 믿는 자에게 값없이 은혜로 이 두 가지 문제를 해결할 수 있도록 하셨습니다

1. 예수님은 육신으로 나타나신 하나님

예수님은 하나님이 인간을 구원하시기 위해서 처녀의 몸을 빌려 성령으로 잉태되시어 이 땅에 오신 하나님이십니다. 하나님이 육신이 되시어 이 세상에 오신 일은 인간의 지혜나 지식으로는 깨달을 수 없는 신비한 사건입니다(마1:18-25, 눅 1-2장). 이는 성경을 살피

제2편
본 론

며 하나님의 뜻을 이해할 때만 깨닫고 믿을 수 있는 놀라운 사건입니다. 하나님은 공의와 사랑을 완성하시고 인간을 구원하기 위해서는 이렇게 육신을 가지고 오시지 않으면 안 되셨습니다. 이것은 말로 다 표현할 수 없는 신비한 사건입니다. 이러한 뜻을 이해한다면 우리는 엄청난 기쁨과 감사와 영광스러움 속에서 하나님을 섬기며 예수님을 믿을 수 있을 것입니다.

> 태초에 말씀이 계시니라 이 말씀이 하나님과 함께 계셨으니 이 말씀은 곧 하나님이시니라 말씀이 육신이 되어 우리 가운데 거하시매 우리가 그의 영광을 보니 아버지의 독생자의 영광이요 은혜와 진리가 충만하더라 [요 1:1,14]
>
> 그는 근본 하나님의 본체시나 하나님과 동등됨을 취할 것으로 여기지 아니하시고 오히려 자기를 비워 종의 형체를 가지사 사람들과 같이 되셨고 사람의 모양으로 나타나사 자기를 낮추시고 죽기까지 복종하셨으니 곧 십자가에 죽으심이라 [빌 2:6-8]
>
> 조상들도 그들의 것이요 육신으로 하면 그리스도가 그들에게서 나셨으니 그는 만물 위에 계셔서 세세에 찬양을 받으실 하나님이시니라 아멘 [롬 9:5]
>
> 또 아는 것은 하나님의 아들이 이르러 우리에게 지각을 주사 우리로 참된 자를 알게 하신 것과 또한 우리가 참된 자 곧 그의 아들 예수 그리스도 안에 있는 것이니 그는 참 하나님이시요 영생이시라 [요일 5:20]

3. 회복의 계획

2. 인간의 죄를 대신 지심

이튿날 요한이 예수께서 자기에게 나아오심을 보고 이르되 보라 세상 죄를 지고 가는 하나님의 어린 양이로다 [요 1:29]
하나님이 죄를 알지도 못하신 이를 우리를 대신하여 죄로 삼으신 것은 우리로 하여금 그 안에서 하나님의 의가 되게 하려 하심이라
[고후 5:21]

예수님은 인간의 모든 죄를 지시고 십자가에서 죽으심으로 인간의 죄를 대속하셨습니다. 아담 한 사람의 범죄로 모든 인간은 아담 안에서 죄인 되었습니다. 아담은 모든 인간의 조상이며 인간 생명의 원천(源泉)이었습니다. 아담이 범죄함으로 죄성이 인간 안에 들어와 모든 인간은 아담과 같은 죄성을 가진 죄인이 되었으며 죄를 지을 수밖에 없는 존재가 되었습니다. 그 죄성을 통상 신학적으로 원죄(原罪)라고 부릅니다. 마치 수원지에 독약이 풀려 있으면 모든 가정의 수도꼭지에서 독물이 흘러나오듯이, 사자나 독사가 새끼를 낳으면 여전히 사자나 독사의 성품을 가진 새끼가 나오듯이, 아담의 죄성을 물려받은 인간은 모두 죄인이며 죄를 지을 수밖에 없는 존재가 되었습니다. 이러한 인간의 죄를 예수 그리스도께서 십자가에서 대신 지시고 죄의 값을 치르심으로 대속하셨습니다. 이 십자가의 대속을 "죄를 지고 가시는 하나님의 어린 양" "우리를 대신하여 죄로 삼으신 것"이라고 표현하고 있습니다.

3. 십자가에 달리시어 피흘려 죽으심

사람의 모양으로 나타나사 자기를 낮추시고 죽기까지 복종하셨으니 곧 십자가에 죽으심이라 [빌 2:8]
그의 십자가의 피로 화평을 이루사 만물 곧 땅에 있는 것들이나 하늘에 있는 것들이 그로 말미암아 자기와 화목하게 되기를 기뻐하심이라 [골 1:20]
우리는 그리스도 안에서 그의 은혜의 풍성함을 따라 그의 피로 말미암아 속량 곧 죄 사함을 받았느니라 [엡 1:7]

왜 예수께서 피를 흘려 죽으셔야 될까요? 피 흘리심과 죄의 문제 해결과 어떤 관계에 있을까요? 성경에서 생명은 피에 있다고 말씀하고 있습니다(레17:11). 생명은 생명으로밖에는 교환가치가 성립하지 않습니다(출21:23). 따라서 죄지은 인간의 생명을 구원하시기 위해서는 죄가 없는 생명이 희생되지 않으면 안 됩니다. 구약시대에는 동물을 죽여 피를 제단에 뿌려 죄를 사하는 의식을 행했습니다. 하지만 동물의 생명은 인간의 생명을 대신할 수 없기 때문에 동물의 피로써 죄 사함이 불가능했습니다(히10:4, 11). 따라서 하나님은 성령에 의해 죄가 없이 태어난 예수님을 십자가에서 인간의 죄를 대신 지시고 생명된 피를 흘려 죽게 하여 인류의 죄를 대속하시고 죄 사함의 길을 열어 놓으셨습니다. 따라서 죄 없으신 예수의 피가 죄를 사하실 수 있습니다.

4. 장사된 지 3일 만에 부활하심

그리스도께서 죽은 자 가운데서 다시 살아나셨다 전파되었거늘 너희 중에서 어떤 사람들은 어찌하여 죽은 자 가운데서 부활이 없다 하느냐 [고전 15:12]
의로 여기심을 받을 우리도 위함이니 곧 예수 우리 주를 죽은 자 가운데서 살리신 이를 믿는 자니라 [롬 4:24]

예수께서 인간의 죄를 대신 지시고 십자가에서 피 흘려 죽으시고 장사되어 사흘이 지난 후에 영광의 몸으로 부활하셨습니다. 예수 그리스도의 부활은 예수님께서 메시아 되심의 가장 확실한 증거입니다. 예수께서 부활하지 않으셨다면 인간에게 영원한 생명을 주시는 구세주가 되실 수 없습니다(고전15:17-17). 부활의 역사적 사실이야말로 예수 그리스도만이 유일한 구세주시며 메시아임을 믿고 고백할 수 있습니다. 예수님의 부활이 있기에 십자가의 대속이 사실이며 구약성경에 예언된 메시아의 구속사역이 모두 예수께서 이루신 구속을 예표한다는 것을 알고 확실히 믿을 수 있습니다(요5:39). 예수 그리스도의 부활의 역사성을 확인하고 믿을 수 있을 때 믿음의 기초가 반석 위에 세워진 것과 같습니다. 부활의 역사적 사실이라면 예수 그리스도는 메시아이며 또한 진리이십니다. 기독교는 바로 이 부활의 역사적 사실 위에 세워진 종교입니다.

제2편 본론

❖ **값을 지불하고 죄 용서함을 받아 구원을 얻는 문제에 관한 몇 가지 용어들**

1) 구속(救贖): 값을 지불하고 구원함

시온은 정의로 구속함을 받고 그 돌아온 자들은 공의로 구속함을 받으리라 [사 1:27]

2) 대속(代贖): 대신하여 값을 지불함

하나님이 죄를 알지도 못하신 이를 우리를 대신하여 죄로 삼으신 것은 우리로 하여금 그 안에서 하나님의 의가 되게 하려 하심이라

[고후 5:21]

3) 속죄(贖罪): 죄의 값을 지불하고 죄 사함을 받음

염소와 송아지의 피로 하지 아니하고 오직 자기의 피로 영원한 속죄를 이루사 단번에 성소에 들어가셨느니라 [히 9:12]

4) 속량(贖良): 값을 지불하여 노예 상태에서 양민이 되게 함

내가 너를 애굽 땅에서 인도해 내어 종 노릇 하는 집에서 속량하였고 모세와 아론과 미리암을 네 앞에 보냈느니라 [미 6:4]

5) 속전(贖錢): 죄에 상당한 돈

아무도 자기의 형제를 구원하지 못하며 그를 위한 속전을 하나님

3. 회복의 계획

께 바치지도 못할 것은 [시 49:7]

5. 값없이 은혜로 된 구원

너희는 그 은혜에 의하여 믿음으로 말미암아 구원을 받았으니 이것은 너희에게서 난 것이 아니요 하나님의 선물이라 행위에서 난 것이 아니니 이는 누구든지 자랑하지 못하게 함이라 [엡 2:8,9]
그리스도 예수 안에 있는 속량으로 말미암아 하나님의 은혜로 값없이 의롭다 하심을 얻은 자 되었느니라 [롬 3:24]
만일 은혜로 된 것이면 행위로 말미암지 않음이니 그렇지 않으면 은혜가 은혜 되지 못하느니라 [롬 11:6]

이 세상의 종교는 크게 행위의 종교와 은혜의 종교로 나눌 수 있습니다. 예수를 믿는 기독교를 제외하고는 거의 모든 종교는 인간의 행위로 구원을 이루려는 자력(自力)종교입니다. 기독교 안에서도 인간의 노력이나 행위로 구원을 이루려는 율법적인 종파가 있을 수 있습니다. 하지만 성경은 인간의 어떤 행위, 즉 선행·입산수도·종교적 의식·철학·과학 등 인간의 행위나 노력으로는 죄의 문제를 해결하여 구원을 받을 수 없다고 말합니다. 하나님은 인간의 행위가 아닌 오직 은혜로 구원을 받을 수 있도록 하셨습니다. 그 은혜가 바로 예수 그리스도의 십자가 대속을 통한 죄 사함입니다.

하나님께서 예수 그리스도를 통하여 인간을 구원하시려는 구원이 너무 귀하여 값을 지불할 수 없기 때문에 값없이 주신 것입니다.

자기의 재물을 의지하고 부유함을 자랑하는 자는 아무도 자기의 형제를 구원하지 못하며 그를 위한 속전을 하나님께 바치지도 못할 것은 그들의 생명을 속량하는 값이 너무 엄청나서 영원히 마련하지 못할 것임이니라 [시 49:6-8]
너희가 알거니와 너희 조상이 물려 준 헛된 행실에서 대속함을 받은 것은 은이나 금 같이 없어질 것으로 된 것이 아니요 오직 흠 없고 점 없는 어린 양 같은 그리스도의 보배로운 피로 된 것이니라
[벧전 1:18-19]

구원은 시작부터 유지되고 완성되어 영원한 천국에 들어가기까지 십자가의 죄 사함으로 이루어지는 완전한 하나님의 은혜입니다. 이러한 완전한 하나님의 은혜를 알고 믿는 것이 참 믿음이며 구원을 확신할 수 있는 믿음이 되는 것입니다. 그러한 완전한 하나님의 은혜를 받을 수 있는 은혜의 통로가 첫째는 바른 믿음이며, 둘째는 바른 거듭남이며, 셋째는 생명의 성령의 법에 따라 사는 것입니다. 이것들을 알고 깨달아 믿음으로 사는 것이 구원을 확증하고 풍성한 그리스도인의 삶을 사는 비결입니다.

3. 회복의 계획

6. 인간의 죄를 대신 지시고 형벌을 받으셔서 사랑과 공의를 실천하심

하나님께서 인간의 죄를 대가 없이 용서하시면 공의에 어긋나므로 하나님 스스로가 법을 어겨 사탄과 인간의 죄를 심판하실 수가 없게 됩니다. 그러므로 하나님은 인간의 죄를 무작정 용서하실 수 없습니다. 그러나 하나님께서는 친히 인간의 모습으로 오셔서 인간의 죄를 담당하시고 피 흘려 죽으심으로 값을 지불하셔서 공의를 충족시키시고 인간의 죄를 값없이 은혜로 용서하실 수 있는 길을 열어 놓으셨습니다. 그리하여 사랑과 공의를 완성하시고 하나님도 의로우시고 믿는 자도 의롭다 함을 받게 하셨습니다(롬3:24-26).

그리스도 예수 안에 있는 속량으로 말미암아 하나님의 은혜로 값없이 의롭다 하심을 얻은 자 되었느니라 이 예수를 하나님이 그의 피로써 믿음으로 말미암는 화목제물로 세우셨으니 이는 하나님께서 길이 참으시는 중에 전에 지은 죄를 간과하심으로 자기의 의로우심을 나타내려 하심이니 [26] 곧 이 때에 자기의 의로우심을 나타내사 자기도 의로우시며 또한 예수 믿는 자를 의롭다 하려 하심이라 [롬 3:24-26]

'화목제물'이란 하나님과 인간 사이가 죄로 인해 원수 되었는데 예수님의 십자가 희생으로 죄 값을 지불하시고 화목하게 되는 것을 말합니다.

'전에 지은 죄'란 구약성도들이 지은 죄입니다. 구약시대에 성도들이 아무 대가 없이 죄를 용서받아 구원을 얻었다면 이는 하나님의 공의에 어긋나므로 하나님께서 일시적으로 불의하시게 된 것입니다. 하지만 예수님의 화목제물로 하나님이 의롭게 되신 것입니다.

'이 때에'란 신약시대를 말합니다. 예수님의 십자가 희생 즉, 화목제물로 죄에 대한 대가를 지불하심으로 예수님을 믿고 죄 용서받는 사람들이 의롭게 될 뿐 아니라 죄를 용서해 주신 하나님도 의롭게 되신 것입니다.

예를 들면 다음과 같습니다. 어떤 사람이 한 가난한 노인을 법정에 끌고 와서 고발했습니다. 이 노인이 30달러를 빚지고 기한이 지났는데도 갚지 않는다는 것입니다. 판사는 노인이 가난하여 빚을 갚을 수 없음을 알고 불쌍하게 생각하여 자신이 재판석에서 내려와 원고에게 30달러를 주고 무죄를 선언했습니다. 그것은 정당한 판결입니다. 그러나 만일 판사가 사랑만을 앞세워 값을 지불하지 않고 그 노인을 일방적으로 용서해 준다면 이 판사는 불법을 행하는 것이 되고 맙니다. 그 판사가 값을 지불하고 죄인인 피고 노인을 용서해 줌으로 그 판사는 자신의 의로움을 나타내었을 뿐 아니라 피고인 노인도 죄 없다 하여 의롭다고 해 준 것입니다. 이것이 바로 하나님께서 인간의 죄를 대신 지시고 생명을 희생하심으로 우리의 죄를 용서하시고 의롭다고 칭해 주시는 원리입니다.

3. 회복의 계획

04

그 방법이 바로 예수님께서 말씀하신 거듭남이며, 거듭남이란 죄 사함의 침례이며, 보혜사 성령을 받아 방언을 말하는 것입니다

1. 거듭남

예수께서 대답하여 이르시되 진실로 진실로 네게 이르노니 사람이 거듭나지 아니하면 하나님의 나라를 볼 수 없느니라 예수께서 대답하시되 진실로 진실로 네게 이르노니 사람이 물과 성령으로 나지 아니하면 하나님의 나라에 들어갈 수 없느니라 [요 3:3,5]
베드로가 이르되 너희가 회개하여 각각 예수 그리스도의 이름으로 침례를 받고 죄 사함을 받으라 그리하면 성령의 선물을 받으리니 [행 2:38]
우리를 구원하시되 우리가 행한 바 의로운 행위로 말미암지 아니하고 오직 그의 긍휼하심을 따라 중생의 씻음과 성령의 새롭게 하심으로 하셨나니 [딛 3:5]

이 거듭남을 예수님은 '물과 성령'으로 나는 것이라고 했으며(요 3:3-5), 베드로 사도는 '죄 사함의 침례와 성령의 선물'이라고 했으며(행2:38), 바울 사도는 '중생의 씻음과 성령의 새롭게 하심'이라고

했습니다(딛3:3). 이는 같은 내용을 달리 표현한 것입니다.

'거듭남'을 '중생(重生)'이라고도 합니다. '거듭 중(重), 날 생(生)', 즉, '다시 태어남, 거듭 남'이라는 뜻으로 구원에 있어서 매우 중요한 의미가 있습니다. 부모에게 태어난 것이 첫 번째 나는 것이요 하나님의 자녀로 다시 태어나는 것이 거듭남입니다. 부모의 혈통을 가지고 태어난 인간은 죄성을 가지고 있는 죄의 종이요 마귀의 자녀입니다. 따라서 인간의 어떠한 노력으로도 스스로 의롭게 되어 하나님의 자녀로 될 수가 없습니다. 우리를 구원하시기 위해서 이 땅에 오신 예수님께서 제시하신 방법에 순종할 때만이 다시 하나님의 자녀로 태어날 수가 있습니다. 이것은 생리적인 방법이 아니라 인간의 이성을 초월한 하나님의 방법입니다. 그것이 죄 사함 받는 침례이며 보혜사 성령을 받는 것입니다.

침례를 받아 죄 사함을 얻으면 의롭다 칭함을 받으며 구원을 얻게 됩니다(막16:16, 롬6:6-7). 그리고 보혜사 성령을 받게 되면 하나님의 영이 인간을 지배하는 사령을 내어 쫓으시고 인간 안에 내주하시어 하나님의 통치가 임하게 됩니다(마12:28, 29).

2. 거듭남의 참된 의미

일반적으로 '거듭나야 구원을 받는다'라는 데는 모든 교파들이 공통적으로 동의하고 있습니다. 그러나 거듭남의 방법에 있어서 다른 견해를 가지고 있습니다. 거듭남에 대한 몇 가지 견해를 살펴보면 다음과 같습니다.

1) 거듭남에 대한 잘못된 견해

첫째, '예수를 믿은 것이 거듭난 것이다'

대부분의 교회에서 '예수를 믿으면 그것이 아주 단순하고 천박한 믿음일지라도 구원 얻기에 충분하다'고 믿습니다. 따라서 예수를 믿으면 그 자체로 죄 사함, 성령 받음, 의롭다 칭함을 받음, 구원을 받았다고 생각합니다. 구원의 모든 문제를 오직 예수를 믿는 믿음에 집중하고 있습니다.

예수 그리스도를 믿는 믿음이 구원을 얻는 데 가장 중요한 요소이기는 하지만, 단지 믿었다는 이유만으로 거듭나 구원을 이미 받은 것이라고 주장하는 것은 성경적이 아닙니다. 성경에서는 예수 그리스도를 믿었다 하더라도 거듭남과 구원을 받는 것은 또 다른 과정이 있다고 말하고 있습니다. 그러한 예수 그리스도를 믿고 구원받기를 원하는 자들에게 거듭나 구원을 얻는 과정은 다음에 소개될 것입니다.

둘째, '예수 믿고 생각과 행위가 획기적으로 변화된 것이 거듭남이다'

예수를 믿고 생각과 행위가 하나님 중심, 예수님 중심, 말씀 중심으로 획기적인 변화를 받은 것은 참으로 귀하고 아름다운 일입니다. 모든 그리스도인들이 이렇게 변화되어야 할 것입니다. 이러한 것들은 예수를 믿고 풍성한 그리스도인의 삶을 사는데 필요한 것입니다.

하지만 예수님은 그러한 변화가 거듭남이라고 말하고 있지 않습니다. 만일 그러한 것이 거듭남이라면 그러한 변화가 없는 신도는 구원이 없다는 말인데 그것 또한 성경적이 아닙니다. 성경은 무식한 자나 유식한 자나 많이 변화된 자나 적게 변화된 자나 모두 은혜로 구원을 얻을 수 있도록 되어 있는 것입니다. 만일 이렇게 획기적으로 변화된 자만이 거듭난 자요 구원을 얻는 자라면 이것은 은혜가 아니라 행위의 종교가 되고 말 것입니다. 이러한 경지에 이르러 거듭나 구원을 얻을 사람이 몇이나 있겠습니까?

셋째, '하나님 말씀 중 어떤 부분이 확연히 깨달아지는 것이 거듭남이다'

어떤 사람들은 예수님의 십자가상에서 이루어 놓으신 죄 사함의 은혜가 어떠한 성경 말씀이나 설교를 통해서 확실히 깨달아 믿어지는 것을 거듭남이라고 주장합니다.

이것 역시 믿는 자에게 매우 중요한 부분이긴 하지만 이것이 거듭남은 아닙니다. 이러한 주관적인 깨달음은 그 한계가 모호하여 거듭났다고 확정하기가 매우 곤란합니다. 이러한 깨달음이 있을 때 더 확신 있게 믿고 마음의 평안과 감사와 기쁨을 누리게 될 수 있어 믿음생활에 매우 유익하긴 하지만 예수님께서 말씀하신 거듭남과는 관계가 없는 것입니다.

3. 회복의 계획

넷째, '어떤 특수한 체험을 통한 뜨거운 열정이 생긴 것이 거듭남이다'

어떤 사람은 설교를 듣거나 말씀을 읽을 때 깊은 감동을 받거나 혹은 환상을 보거나 계시적 꿈을 꿀 때 마음이 뜨거워져 변화를 받아 믿음에 열심이 생긴 것을 거듭남이라고 생각합니다. 그러나 이러한 주관적 체험들은 믿음생활을 매우 능력 있게 하는 중요한 요소는 될 수 있지만 성경의 어디에서도 이러한 것들이 거듭남이라고 말하고 있지 않습니다.

거듭남이란, 믿음·깨달음·변화·체험 등과 같은 주관적인 것들이 아니라 객관적으로 확인할 수 있는 것입니다. 다음의 거듭남의 참된 의미와 방법을 자세히 살펴보시기 바랍니다.

2) 거듭남의 참된 의미

거듭남의 참된 의미에 대해 예수님께서 "물과 성령"으로 나는 것이라고 말씀하셨습니다. 물은 죄 씻음의 침례이며, 성령은 보혜사 성령의 침례를 말하는 것으로 보혜사 성령 받아 방언을 말하는 것입니다. 이 거듭남의 문제는 너무 중요하기 때문에 다음 침례와 성령의 침례 부분을 좀 더 자세히 상고해 보시기 바랍니다.

거듭남은 원칙적으로 침례를 받고 보혜사 성령을 받아야 합니다. 그러나 침례만 받아도 중생하는 것으로 인정할 수 있습니다. 왜냐하면 보혜사 성령은 반드시 선물로 받기 때문입니다. 그러므로 바울은 「중생의 씻음」이라고 하여 침례를 중생, 즉 거듭남이라고 했습니다

(딛3:5). 그리고 보혜사 성령을 먼저 받는다 하더라도 침례받을 때부터 중생의 효력이 발생합니다. 보혜사 성령을 먼저 받든 침례 후에 받든 중생의 시작은 침례 받는 순간부터입니다.

그러나 중생한 이후에 '깨달음과 변화'는 많으면 많을수록 좋습니다. 깨달음이 클수록 더욱 풍성한 믿음생활을 할 수가 있습니다. 비록 거듭났다 하더라도 깨달음이 없다면, 충실한 믿음생활과 풍성한 그리스도인의 삶을 살 수 없습니다. 그러므로 거듭난 그리스도인들은 더 많은 깨달음을 얻도록 꾸준히 노력을 해야 합니다. 이것이 믿음생활을 잘하는 데 가장 중요한 요소입니다. 어떤 사람은 점진적으로 되는 사람이 있고, 어떤 사람은 기적적인 체험들 즉, 꿈·환상·병 고침과 같은 것을 통하여 되는 사람이 있으며, 또 어떤 사람은 갑작스럽게 되는 경우도 있습니다. 어떤 경우든 간에 '깨달음과 변화'는 성실한 믿음생활과 꾸준한 말씀 공부 및 기도를 통해서 되는 것입니다. 거듭난 사람은 반드시 더 많은 '깨달음과 변화'를 위해서 노력해야겠지만 이 '깨달음과 변화'만을 가지고 거듭났다고 말하는 것은 성경적이 아닙니다.

3. 예수님께서 가르치신 거듭남의 방법

1) 죄 사함의 침례

침례는 예수님의 피로써 믿는 자의 죄를 씻는 가장 중요한 은혜의

3. 회복의 계획

통로며 수단입니다. 침례는 단순히 입교의식이나 죄 사함을 받았다는 상징적인 표시만이 아닙니다. 예수 그리스도가 나의 죄를 십자가에서 대속했다는 것을 믿는다면 반드시 예수님과 사도들의 가르침대로 올바른 침례를 통하여 죄 씻음을 받아 의롭다 칭함을 받고 거듭나 구원을 받아야 하는 것입니다. 성경은 명백히 침례에 죄 사함과 죄 씻음이 있다고 기록하고 있습니다.

> 베드로가 이르되 너희가 회개하여 각각 예수 그리스도의 이름으로 침례를 받고 죄 사함을 받으라 그리하면 성령의 선물을 받으리니
> [행 2:38]
> 이제는 왜 주저하느냐 일어나 주의 이름을 불러 침례를 받고 너의 죄를 씻으라 하더라 [행 22:16]

그러면 먼저 죄 사함의 원리를 상고한 후 침례의 중요성과 올바른 방법을 살펴보겠습니다.

(1) 죄 사함(속죄)의 원리

하나님께서 인간의 죄를 용서하시려면 하나님의 공의의 법 앞에 공의를 만족시키기 위하여 죄에 상당하는 값, 즉, 속전을 지불하지 않으면 안 됩니다. 하나님은 죄의 값을 지불하지 않고 일방적으로 용서하지 않으실 뿐 아니라 만일 그렇게 하신다면 하나님도 법을 어기시는 불의한 분이 되고 마십니다. 하나님은 죄로 인해 영원한 죽

음 즉, 지옥의 형벌에서 인간을 구하시기 위해 육신으로 이 땅에 오셔서 십자가에서 생명 된 피를 흘려주시고 죽으신 후 장사되었다가 3일 만에 부활하심으로 죄 사함의 길을 열어 놓으셨습니다.

(2) 피를 흘리셔야 죄 사하실 수 있는 이유

구약성경에서 죄를 사하려면 양이나 소 같은 동물이 피를 흘려 죽어야 한다고 말하고 있습니다. 이러한 구약의 예표에 따라서 예수님께서 십자가에서 피를 흘리심으로 죄를 사하시게 된 것입니다.

> 율법을 따라 거의 모든 물건이 피로써 정결하게 되나니 피흘림이 없은즉 사함이 없느니라 [히 9:22]
> 너희가 알거니와 너희 조상이 물려 준 헛된 행실에서 대속함을 받은 것은 은이나 금 같이 없어질 것으로 된 것이 아니요 오직 흠 없고 점 없는 어린 양 같은 그리스도의 보배로운 피로 된 것이니라
> [벧전 1:18-19]

① 피에 생명이 있기 때문입니다(참고, 창9:4-5)

성경은 피에 생명이 있기 때문에 피를 흘려 죽어야 하며, 그 피를 제단에 뿌릴 때 죄를 사할 수 있다고 말하고 있습니다.

> 육체의 생명은 피에 있음이라 내가 이 피를 너희에게 주어 제단에 뿌려 너희의 생명을 위하여 속죄하게 하였나니 생명이 피에 있으

3. 회복의 계획

므로 피가 죄를 속하느니라 모든 생물은 그 피가 생명과 일체라 그러므로 내가 이스라엘 자손에게 이르기를 너희는 어떤 육체의 피든지 먹지 말라 하였나니 모든 육체의 생명은 그것의 피인즉 그 피를 먹는 모든 자는 끊어지리라 [레 17:11,14]

② 일대일의 보상의 원리 때문입니다
죄로 인해 죽음의 형벌을 받을 생명을 구하기 위해서는 죄 없는 생명으로만 값을 지불할 수 있습니다. 율법의 공의는 철저히 일대일의 보상 원리로 되었습니다(참고, 신19:31).

그러나 다른 해가 있으면 갚되 생명은 생명으로, [출 21:23]

③ 동물의 피로써 속죄할 수 없는 이유.
구약 동물의 피로써 드리는 속죄제사로는 죄 사함을 받을 수 없습니다.

첫째, 가치 면에서
인간 생명의 가치는 천하보다 귀중하다고 예수님께서 말씀하셨습니다. 이 세상에서 물질적으로 가치 있는 어떠한 것도 인간의 생명과 그 가치에 있어서 비교가 될 수 없습니다.

사람이 만일 온 천하를 얻고도 제 목숨을 잃으면 무엇이 유익하리

제2편 본 론

> 요 사람이 무엇을 주고 제 목숨과 바꾸겠느냐 [마 16:26]

동물의 피, 즉 동물의 생명으로써 인간의 생명의 가치를 대신할 수 없기 때문에, 동물의 피로써 죄로 인해 죽게 된 인간의 생명을 대신할 수 없습니다. 따라서 동물의 피로써 인간의 죄를 사할 수 없는 것입니다.

> 이는 황소와 염소의 피가 능히 죄를 없이 하지 못함이라 제사장마다 매일 서서 섬기며 자주 같은 제사를 드리되 이 제사는 언제나 죄를 없게 하지 못하거니와 [히 10:4,11]

둘째, 빈도수에서

설혹 그 가치를 인정한다 하더라도 인간이 범죄의 수만큼 철저히 제사를 드려야 하는데 이는 불가능한 일입니다. 율법에 따르면 죄 한 건당 동물 한 마리를 희생하여 제사를 드려야 합니다(레 4:2,13,22,27). 인간은 생각과 감정과 말과 행동에서 알게 모르게 하루에도 얼마나 많은 죄를 짓는지 모릅니다. 예수님은 인간이 얼마나 죄를 많이 짓고 사는 존재인가를 다음과 같이 말씀하고 계십니다.

> 마음에서 나오는 것은 악한 생각과 살인과 간음과 음란과 도둑질과 거짓 증언과 비방이니 이런 것들이 사람을 더럽게 하는 것이요 씻지 않은 손으로 먹는 것은 사람을 더럽게 하지 못하느니라 [마 15:19,20]

3. 회복의 계획

그러한 죄들이 어떻게 제사로 해결될 수 있겠습니까? 날마다 제사만 드리고 살아도 불가능한 것입니다. 양심적으로 이 제사를 드리는 사람은 이 제사로써는 도저히 자신의 죄를 해결할 수 없다는 것을 깨달아야 했습니다. 다윗은 다음과 같이 고백했습니다.

주께서 내 귀를 통하여 내게 들려 주시기를 제사와 예물을 기뻐하지 아니하시며 번제와 속죄제를 요구하지 아니하신다 하신지라 그 때에 내가 말하기를 내가 왔나이다 나를 가리켜 기록한 것이 두루마리 책에 있나이다 나의 하나님이여 내가 주의 뜻 행하기를 즐기오니 주의 법이 나의 심중에 있나이다 하였나이다

[시 40:6-8] [참고, 히 10:5-7]

그러므로 동물의 속죄제사로 죄를 사함받아 구원을 받으려 하는 것은 불가능한 일입니다. 따라서 베드로 사도는 율법주의에 대한 논쟁을 하면서 다음과 같이 말했습니다.

그런데 지금 너희가 어찌하여 하나님을 시험하여 우리 조상과 우리도 능히 메지 못하던 멍에를 제자들의 목에 두려느냐 [행 15:10]

여기서 '멍에'가 바로 모세의 율법입니다. 모세 율법의 최고봉이 바로 속죄의 제사입니다. 그런데 어떻게 이 제사로 죄의 문제를 해결할 수 있겠습니까? '우리와 우리 조상들'이란 당시 거듭난 성도들

과 이스라엘 민족의 조상들입니다. 제사를 포함한 율법은 도저히 멜 수 없는 멍에라는 것입니다. 즉 그것들을 지킴으로는 결코 구원을 받을 수 없다는 뜻입니다.

④ 예수님의 피가 죄를 사하실 수 있는 이유
그러나 죄 없으신 예수님의 피가 우리 죄를 사하실 수 있습니다.

첫째, 가치 면에서
생명의 가치 면에서 우리 예수님은 인간의 생명을 대신할 충분한 가치가 있으십니다.
율법의 요구는 생명은 생명으로 갚아야 하는 것입니다(출21:23, 신19:21). 그러므로 예수께서 죄지은 인간을 구원하시기 위해서 인간과 동일한 죄 없는 육신의 생명을 가지고 이 땅에 오셨습니다. 왜냐하면 죄인은 죄인을 구원할 수 없으며 죄 없는 사람만이 죄인을 대신하여 죄인을 구원할 수 있기 때문입니다. 예수님은 인간의 죄를 사하실 대제사장으로서 죄가 전혀 없으신 분이십니다. 죄가 없으시기 때문에 인간의 죄를 사하실 수 있습니다.

이러한 대제사장은 우리에게 합당하니 거룩하고 악이 없고 더러움이 없고 죄인에게서 떠나 계시고 하늘보다 높이 되신 이라 [히 7:26]
우리에게 있는 대제사장은 우리의 연약함을 동정하지 못하실 이가 아니요 모든 일에 우리와 똑같이 시험을 받으신 이로되 죄는 없으

시니라 [히 4:15]
그는 죄를 범하지 아니하시고 그 입에 거짓도 없으시며 [벧전 2:22]

예수님은 인류의 대표자 첫 사람 아담의 자격으로 오셨습니다. 그래서 예수님을 둘째 사람 아담이라 부릅니다.

그러나 아담으로부터 모세까지 아담의 범죄와 같은 죄를 짓지 아니한 자들까지도 사망이 왕 노릇 하였나니 아담은 오실 자의 모형이라 [롬 5:14]
기록된 바 첫 사람 아담은 생령이 되었다 함과 같이 마지막 아담은 살려 주는 영이 되었나니 [고전 15:45]

첫 사람 아담이 범죄함으로 모든 인간이 죄인이 되게 했습니다. 아담은 인류에게 죄성을 가져다준 시작이며 죄인 된 인류의 대표자입니다. 그러나 마지막 사람 아담 즉 예수님은 온 인류를 대신해 죽으심으로 하나님의 공의의 법 앞에 정당한 대가를 지불하시고 온 인류의 죄를 대속하셔서 죄 사함과 구원의 길을 열어 놓으셨습니다. 온 인류는 한 아담의 후손이므로 한 분 예수님의 죽으심으로 온 인류의 생명을 구속하시기에 충분합니다(히7:10).

둘째, 빈도수에서
동물의 속죄제사는 범죄한 수만큼 드려야 하나, 예수 그리스도는

제2편
본론

단 한 번 십자가에서 완전하고도 영원한 속죄제사를 드림으로 동물의 속죄제사를 폐하셨습니다.

> 염소와 송아지의 피로 아니하고 오직 자기 피로 영원한 속죄를 이루사 단번에 성소에 들어가셨느니라 [히9:12]
> 이 뜻을 따라 예수 그리스도의 몸을 단번에 드리심으로 말미암아 우리가 거룩함을 얻었노라 오직 그리스도는 죄를 위하여 한 영원한 제사를 드리시고 하나님 우편에 앉으사 그가 거룩하게 된 자들을 한 번의 제사로 영원히 온전하게 하셨느니라 이것들을 사하셨은즉 다시 죄를 위하여 제사 드릴 것이 없느니라 [히 10:10, 12, 14, 18]

불완전한 구약 속죄제사를 십자가에서 완성하시고 예수 그리스도의 속죄제사로 대치하시고 폐하셨습니다. 속죄제사뿐 아니라 모든 구약의 모세 율법에 속한 규례들도 속죄제사와 함께 폐하셨습니다. 그리고 오직 예수님의 피로써만 죄 사함을 받을 수 있게 하셨습니다.

> 내가 율법이나 선지자를 폐하러 온 줄로 생각하지 말라 폐하러 온 것이 아니요 완전하게 하려 함이라 [마 5:17]
> 법조문으로 된 계명의 율법을 폐하셨으니 이는 이 둘로 자기 안에서 한 새 사람을 지어 화평하게 하시고 [엡 2:15]
> 우리는 그리스도 안에서 그의 은혜의 풍성함을 따라 그의 피로 말미암아 속량 곧 죄 사함을 받았느니라 [엡 1:7]

3. 회복의 계획

염소와 송아지의 피로 하지 아니하고 오직 자기의 피로 영원한 속죄를 이루사 단번에 성소에 들어가셨느니라 [히 9:12]

내가 말하기를 내 주여 당신이 아시나이다 하니 그가 나에게 이르되 이는 큰 환난에서 나오는 자들인데 어린 양의 피에 그 옷을 씻어 희게 하였느니라 [계 7:14]

그가 빛 가운데 계신 것 같이 우리도 빛 가운데 행하면 우리가 서로 사귐이 있고 그 아들 예수의 피가 우리를 모든 죄에서 깨끗하게 하실 것이요 [요일 1:7]

(3) 예수께서 이루어 놓으신 죄 사함의 은혜를 개인이 누리려면
① 예수의 구주 되심과 십자가의 보혈의 공로와 죽음에서의 부활을 믿어야 합니다

첫째, 예수의 구주 되심을 믿어야 합니다.

하나님께서 모든 인간의 죄를 대속하시고 죄 용서함의 길을 열어 놓으셨는데 이 대속과 죄 용서함의 은혜를 개인이 누리려면 반드시 예수를 믿고 영접하고 구주로 고백해야 합니다. 이것이 구원에 있어서 가장 중요한 첫 관문입니다. 예수님 이외에는 결코 구원자가 없습니다.

이르되 주 예수를 믿으라 그리하면 너와 네 집이 구원을 받으리라 하고 [행 16:31]

영접하는 자 곧 그 이름을 믿는 자들에게는 하나님의 자녀가 되는

권세를 주셨으니 [요 1:12]
다른 이로써는 구원을 받을 수 없나니 천하 사람 중에 구원을 받을 만한 다른 이름을 우리에게 주신 일이 없음이라 하였더라 [행 4:12]
예수께서 이르시되 내가 곧 길이요 진리요 생명이니 나로 말미암지 않고는 아버지께로 올 자가 없느니라 [요 14:6]

둘째. 예수님의 죽으심과 부활을 믿어야 합니다.
예수님께서 인류의 모든 죄를 담당하시고 나의 죄를 사하시기 위하여 십자가에서 피 흘려 죽으셨습니다. 그리고 장사된 지 삼 일 만에 무덤에서 부활하셨습니다. 이 사실을 믿고 시인할 때 죄 사함과 구원을 받을 수 있는 믿음이 되는 것입니다.

의로 여기심을 받을 우리도 위함이니 곧 예수 우리 주를 죽은 자 가운데서 살리신 이를 믿는 자니라 예수는 우리가 범죄한 것 때문에 내줌이 되고 또한 우리를 의롭다 하시기 위하여 살아나셨느니라 [롬 4:24-25]
네가 만일 네 입으로 예수를 주로 시인하며 또 하나님께서 그를 죽은 자 가운데서 살리신 것을 네 마음에 믿으면 구원을 받으리라
[롬 10:9]

② 회개해야 합니다
회개란, 자신이 죄인이며 죄로부터 구원을 받아야 할 존재라는 것

을 알고 시인하는 것입니다. 죄는 십계명과 십계명에서 파생된 모든 도덕법을 범한 것입니다. 하나님을 믿지 않고 자기중심적으로 살고, 이기적이고 쾌락 중심적이며, 남에게 고통을 주고 살았던 생각과 감정과 말들과 행위가 죄인 것입니다.

> 베드로가 이르되 너희가 회개하여 각각 예수 그리스도의 이름으로 침례를 받고 죄 사함을 받으라 그리하면 성령의 선물을 받으리니 [행 2:38]
> 그러므로 너희가 회개하고 돌이켜 너희 죄 없이 함을 받으라 이같이 하면 새롭게 되는 날이 주 앞으로부터 이를 것이요 [행 3:19]
> 그들이 이 말을 듣고 잠잠하여 하나님께 영광을 돌려 이르되 그러면 하나님께서 이방인에게도 생명 얻는 회개를 주셨도다 하니라
> [행 11:18]

③ 반드시 침례에 대한 올바른 믿음과 순종이 있어야 합니다.

예수 그리스도께서 십자가에서 피 흘려 죽으심으로 인간의 죄를 대속해 놓으시고 죄 사함의 길을 활짝 열어 놓으셨습니다. 이러한 죄 사함의 은혜를 개인이 받으려면 예수님을 믿고 올바른 침례를 받아야 한다고 성경은 말하고 있습니다. 다음에 나오는 침례의 효력을 분명히 깨닫고 올바른 침례의 방법에 순종하여 죄 사함의 은혜를 개인의 은혜로 받아 누리시기를 간절히 바랍니다.

(4) 침례의 효력

대부분의 개신교 교파에서는 세례에 죄 사함과 중생의 효력이 있다고 믿지 않습니다. 오직 예수 그리스도를 믿기만 하면 세례와는 상관없이 죄 사함과 중생을 한 것이라고 주장합니다. 그러나 사도들의 명백한 증언뿐 아니라 사도시대 이후 속사도·교부시대를 거쳐 종교개혁가 마르틴 루터[2]까지 세례에 죄 사함과 중생의 효력이 있음을 역사는 증거하고 있습니다. 그러나 존 칼빈[3]은 죄 사함과 중생과 구원에 있어서 오직 믿음 이외의 어떤 것도 필요하지 않다고 주장을 했습니다. 그 이후 세례의 죄 사함과 중생의 효력을 믿지 않게 되었습니다. 그러니까 세례의 죄 사함과 중생의 효력이 있다고 믿는 믿음은 16세기 초까지는 그 전통이 유지되어 왔으나 존 칼빈으로부터 사도들의 가르침과 순종을 왜곡한 것입니다. 성경은 분명히 예수를 믿고 침례를 받아야 죄 사함과 중생의 효력이 있음을 분명히 증거하고 있으며 하나님의 놀라운 은혜 안으로 들어오는 통로가 된다고 말하고 있습니다. 구원을 사모하는 마음과 열린 마음으로 상고해 보시기 바랍니다. 더 자세한 내용은 「원형의 구원복음」 중 침례 부분을 참조하시기 바랍니다.

---

[2] 마르틴 루터(Martin Luther 또는 Luder, 1483년-1546년)는 독일의 종교 개혁자이다.
[3] 존 칼빈(프랑스어: Jean Calvin, 1509년-1564년)은 장로교를 창시한 프랑스의 개신교 신학자이자 종교개혁자이다.

3. 회복의 계획

① 죄 사함을 받음

베드로가 이르되 너희가 회개하여 각각 예수 그리스도의 이름으로 침례를 받고 죄 사함을 받으라 그리하면 성령의 선물을 받으리니 [행 2:38]
이제는 왜 주저하느냐 일어나 주의 이름을 불러 침례를 받고 너의 죄를 씻으라 하더라 [행 22:16]

침례에 죄 사함이 있다는 말씀은 사도행전에서 분명히 밝히고 있습니다. 사도행전은 이론의 기록이 아니라 사실의 기록입니다. 침례로 죄 사함을 받는 이 명백한 기록을 무시하고 침례란 죄 사함을 받았다는 일종의 표시로 생각하는 것은 하나님의 뜻을 잘못 해석한 것입니다. 사실적 기록을 먼저 믿고 순종해야 하며 편지서신에 나오는 이론적인 말씀들은 사실적 기록에 입각하여 해석하고 이해하고 믿어야 합니다.

② 의롭다 칭함을 받음

무릇 그리스도 예수와 합하여 침례를 받은 우리는 그의 죽으심과 합하여 침례를 받은 줄을 알지 못하느냐 그러므로 우리가 그의 죽으심과 합하여 침례를 받음으로 그와 함께 장사되었나니 이는 아버지의 영광으로 말미암아 그리스도를 죽은 자 가운데서 살리심과 같이 우리로 또한 새 생명 가운데서 행하게 하려 함이라 만일 우리가 그의 죽으심과 같은 모양으로 연합한 자가 되었으면 또한 그의 부활과 같은 모양으로 연합한 자도 되리라 우리가 알거니와 우리의 옛 사람이 예수와 함께 십자가에 못 박힌 것은 죄의 몸이 죽어 다시는 우리가 죄에게 종 노릇 하지 아니하려 함이니 이는 죽은 자가 죄에서 벗어나 의롭다 하심을 얻었음이라 [롬 6:3-7]

'예수와 함께 십자가에 못 박힌 것', '죽은 자'는 침례받은 자를 말하고 있습니다. 로마서는 믿음으로 의롭게 된다는 것이 주제이지만 바울 사도는 로마서 6장 7절에 침례로 의롭다 함을 받는다고 분명히 밝히고 있습니다. 종합하면 예수를 믿는 믿음과 침례를 통하여 죄 용서함을 받아 의롭게 된다는 의미입니다. 침례를 행할 때 물은 영적으로 예수의 피입니다. 따라서 침례를 받게 되면 예수님의 피에 의해 죄가 씻김받고 용서받아 의롭다 하심을 받게 됩니다.

그러면 이제 우리가 그의 피로 말미암아 의롭다 하심을 받았으니 더욱 그로 말미암아 진노하심에서 구원을 받을 것이니 [롬 5:9]

③ 중생(重生)을 하게 됨

우리를 구원하시되 우리가 행한 바 의로운 행위로 말미암지 아니하고 오직 그의 긍휼하심을 따라 중생의 씻음과 성령의 새롭게 하

3. 회복의 계획

심으로 하셨나니 [딛 3:5]
예수께서 대답하여 이르시되 진실로 진실로 네게 이르노니 사람이 거듭나지 아니하면 하나님의 나라를 볼 수 없느니라 예수께서 대답하시되 진실로 진실로 네게 이르노니 사람이 물과 성령으로 나지 아니하면 하나님의 나라에 들어갈 수 없느니라 [요 3:3,5]

침례를 받게 되면 중생을 하게 됩니다. 중생은 거듭남이며 다시 태어난다는 의미입니다. 침례를 받게 되면 죄 씻음을 받아 하나님의 자녀로 태어나 다시 태어나게 됩니다. 하나님이 자녀로 거듭나야 하나님의 나라를 볼 수 있고 들어갈 수 있다고 예수님께서 말씀하셨습니다. 예수님께서 말씀하신 물로 거듭나는 것은 초대 속사도들과 교부들과 마르틴 루터까지 일관되게 믿어 왔던 전통이며, 가톨릭과 동방정교회에서는 지금까지 여전히 세례의 중생을 믿고 있습니다. 츠빙글리와 칼빈이 이를 부인하기 시작하였고 이후의 개혁주의에서는 침례의 중생을 믿지 않고 있습니다. 이것은 성경의 가르침과 역사성을 부인한 잘못된 주장입니다.

④ 새 생명 가운데서 행하게 됨

그러므로 우리가 그의 죽으심과 합하여 침례를 받음으로 그와 함께 장사되었나니 이는 아버지의 영광으로 말미암아 그리스도를 죽은 자 가운데서 살리심과 같이 우리로 또한 새 생명 가운데서 행하

게 하려 함이라 [롬 6:4]

아담의 혈통에서 태어난 인간은 모두 죄인이며 마귀의 자녀입니다. 하지만 침례를 받게 되면 하나님의 자녀로 다시 태어나 "새 생명"을 받게 됩니다. "새 생명"을 받으므로 영적으로 "새로운 피조물"이 됩니다(고후5:17).

⑤ 그리스도로 옷 입고 그리스도의 것이 됨

누구든지 그리스도와 합하기 위하여 침례를 받은 자는 그리스도로 옷 입었느니라 너희가 그리스도의 것이면 곧 아브라함의 자손이요 약속대로 유업을 이을 자니라 [갈 3:27, 29]

'그리스도로 옷 입는다'는 것은 그리스도의 의(義)의 옷을 입는다는 의미입니다. 침례를 받게 되면 자범죄가 씻김받고 용서받는 것이지 인간의 죄성 자체가 없어진 것은 아닙니다. 내외적으로는 여전히 죄성을 가진 죄인의 모습을 갖고 있습니다. 하지만 예수님의 의의 옷을 입으므로 죄인의 모습은 가려지고 예수님의 의만이 드러나게 됩니다. 따라서 하나님은 인간의 죄인 됨을 보시지 않고 예수 그리스도의 의만 보시고 우리를 의롭다 칭해 주십니다. 이것을 칭의(稱義)라고 합니다. 믿음으로 의롭다 칭함을 받는다 하여 이신칭의(以信稱義)라고도 합니다. 침례를 받게 되면 예수 그리스도의 의(義)의 옷을 입을 뿐만 아니라 예수 그리스도의 것, 즉 예수 그리스도께 속하게 되고 영적으로 아브라함의 자손이 되며 하나님의 나라를 유업으로 받을 수 있게 됩니다.

⑥ 사탄의 권세에서 하나님께로 돌아오게 됨

그 눈을 뜨게 하여 어둠에서 빛으로, 사탄의 권세에서 하나님께로 돌아오게 하고 죄 사함과 나를 믿어 거룩하게 된 무리 가운데서 기업을 얻게 하리라 하더이다 [행 26:18]

본문에서 '어둠에서 빛으로 사탄의 권세에서 하나님께로 돌아온다'고 했는데 이것은 다음에 나오는 "죄 사함"과 관련되어 있습니다. 죄 사함이 침례에 있으므로 침례를 받게 되면 사탄의 권세에서 하나님의 권세로 돌아오게 됩니다.

형제들아 나는 너희가 알지 못하기를 원하지 아니하노니 우리 조상들이 다 구름 아래에 있고 바다 가운데로 지나며 모세에게 속하여 다 구름과 바다에서 침례를 받고 [고전 10:1-2]

이스라엘 백성들이 애굽을 나와 홍해를 건넌 것은 세례를 예표하고 있습니다. 바로와 애굽은 마귀와 그의 통치 영역을 예표하며 홍해를 건넜다는 것은 바로왕의 통치와 그 영역을 완전히 벗어났듯이 침례를 받을 때 사탄 마귀의 권세에서 법적으로 완전히 벗어났다는 것을 보여주고 있습니다.

⑦ 하나님의 자녀가 됨

예수께서 침례를 받으시고 곧 물에서 올라오실새 하늘이 열리고 하나님의 성령이 비둘기 같이 내려 자기 위에 임하심을 보시더니 하늘로부터 소리가 있어 말씀하시되 이는 내 사랑하는 아들이요 내 기뻐하는 자라 하시니라 [마 3:16-18]
율법 아래에 있는 자들을 속량하시고 우리로 아들의 명분을 얻게 하려 하심이라 너희가 아들이므로 하나님이 그 아들의 영을 우리 마음 가운데 보내사 아빠 아버지라 부르게 하셨느니라 [갈 4:5,6]

예수님이 침례를 받으시고 물에서 올라오실 때 '이는 내 사랑하는 아들이요'라고 하나님의 인정을 받은 것처럼 믿는 자가 합당한 침례를 받을 때에 하나님의 자녀가 된다는 것을 보여주고 있습니다. 바울 사도는 '속량'될 때 하나님의 아들의 명분을 얻는다고 하였습니다. 속량이란 값을 지불하고 노예에서 양민, 즉 자유민으로 해방시켜 주는 것을 말합니다. 그러면 어떻게 속량이 될 수 있습니까? 그것은 바로 예수님을 믿고 침례를 받을 때입니다. 침례를 받게 되면 예수님의 피로 죄 사함을 받아 죄의 종, 마귀의 종에서 해방되어 하나님의 자녀가 되는 것입니다. 이것이 속량입니다.

3. 회복의 계획

⑧ 생명책에 이름이 기록됨

침례를 받게 되면 하나님의 자녀로 중생하게 되며 하나님의 생명책에 이름이 기록됩니다. 마치 자녀가 태어나면 호적에 이름을 올리는 것과 같습니다.

시온에 대하여 말하기를 이 사람, 저 사람이 거기서 났다고 말하리니 지존자가 친히 시온을 세우리라 하는도다 여호와께서 민족들을 등록하실 때에는 그 수를 세시며 이 사람이 거기서 났다 하시리로다 (셀라) [시 87:5-6]

위 예언에서 시온에서 민족들이 태어나 등록을 하신다는 것입니다. 시온은 예루살렘 성과 성전이 있는 산으로서 교회를 예표하고 있습니다. 이것은 교회에서 거듭난 자들이 하나님의 생명책에 등록될 것을 예언하고 있습니다. 참으로 신비한 예언이 아닐 수 없습니다.

그러나 귀신들이 너희에게 항복하는 것으로 기뻐하지 말고 너희 이름이 하늘에 기록된 것으로 기뻐하라 하시니라 [눅 10:20]
시온에 남아 있는 자, 예루살렘에 머물러 있는 자 곧 예루살렘 안에 생존한 자 중 기록된 모든 사람은 거룩하다 칭함을 얻으리니
[사 4:3]
무엇이든지 속된 것이나 가증한 일 또는 거짓말하는 자는 결코 그리로 들어가지 못하되 오직 어린 양의 생명책에 기록된 자들만 들

어가리라 [계 21:27]

⑨ 구원을 얻게 됨

믿고 침례를 받는 사람은 구원을 얻을 것이요 믿지 않는 사람은 정 죄를 받으리라 [막 16:16]
물은 예수 그리스도께서 부활하심으로 말미암아 이제 너희를 구원하는 표니 곧 침례라 이는 육체의 더러운 것을 제하여 버림이 아니요 하나님을 향한 선한 양심의 간구니라 [벧전 3:21]

예수님께서는 명백하게 "믿고 침례를 받는 사람은 구원을 얻을 것이요"라고 하셨습니다. 베드로 사도는 "너희를 구원하는 표니 곧 침례라"고 했는데 이것은 원문의 해석과 다릅니다. 원문은 '침례가 구원을 한다.'고 분명히 말씀하고 있습니다. NIV 성경은 바르게 번역을 하였습니다. "this water symbolizes baptism that now saves you also" '이 물은 침례를 상징하는데, 바로 침례가 지금 역시 당신을 구원합니다.' 이때의 구원은 영원한 천국에 갈 수 있는 자격의 구원입니다. 마치 천국의 티켓과 같습니다. 침례를 통해 받은 구원을 유지 완성하기 위해서는 반드시 생명의 성령의 법에 따라 살아야 합니다(롬8:1-2).

(5) 침례의 올바른 방법

침례가 이처럼 중요하기 때문에 반드시 올바른 방법에 순종을 해

3. 회복의 계획

야 그 효력이 나타나게 됩니다.

대부분의 교파에서는 침례란, 단순히 입교의식이며 예수를 믿는다는 고백의 표시이므로 구원과는 무관하다고 주장을 합니다. 그러므로 형식은 어떻게 해도 관계없다고 말하고 있습니다. 그러나 이는 심각한 오류입니다.

구원이란, 참 교회 안에서 예수님의 분부에 관한 올바른 믿음의 바탕 위에 올바른 순종이 따를 때 효력이 나타나는 것입니다. 예를 들어 성경은 침례에 죄 사함이 있다고 말하는데 만일 어떤 교파에서 침례에 죄 사함이 없다고 믿는다면 아무리 바른 침례를 받는다 하여도 믿지 않았기 때문에 침례와 죄 사함과는 아무 관계가 없으며, 또한 성경대로 침례에 죄 사함이 있다고 믿는다 하더라도 방법이 옳지 않으면 죄 사함의 효력이 없는 것입니다.

침례란, 예수님께서 십자가에서 이루어 놓으신 죄 사함을 비롯한 엄청난 축복을 믿는 자가 누리게 되는 은혜의 통로인 것입니다. 이 통로를 거치지 않으면 누구도 이 위대한 축복에 참여할 수 없습니다. 그러므로 침례의 올바른 형식에 순종하는 것은 대단히 중요합니다.

① 온몸이 물에 잠겨야 합니다

침례는 반드시 온몸이 물에 잠긴다는 뜻입니다. 침례는 성경의 가르침이며 가톨릭에서는 12세기까지 행했으며 동방정교회는 원문의 뜻대로 지금도 침례를 행하고 있습니다. 따라서 예수님의 모범과 사도들의 순종을 따라서 침례를 행하는 것이 구원에 있어서 안전한 길

제2편
본 론

입니다.

> 예수께서 침례를 받으시고 곧 물에서 올라오실새 하늘이 열리고 하나님의 성령이 비둘기 같이 내려 자기 위에 임하심을 보시더니
> [마 3:16]

> 요한도 살렘 가까운 애논에서 침례를 베푸니 거기 물이 많음이라 그러므로 사람들이 와서 침례를 받더라 [요 3:23]

> 이에 명하여 수레를 멈추고 빌립과 내시가 둘 다 물에 내려가 빌립이 침례를 베풀고 둘이 물에서 올라올새 주의 영이 빌립을 이끌어 간지라 내시는 기쁘게 길을 가므로 그를 다시 보지 못하니라
> [행 8:38-39]

② 예수 이름으로 선언되어야 합니다

> 그러므로 너희는 가서 모든 민족을 제자로 삼아 아버지와 아들과 성령의 이름으로 침례를 베풀고 [마 28:19]

> 베드로가 이르되 너희가 회개하여 각각 예수 그리스도의 이름으로 침례를 받고 죄 사함을 받으라 그리하면 성령의 선물을 받으리니 [행 2:38]

> 이는 아직 한 사람에게도 성령 내리신 일이 없고 오직 주 예수의 이름으로 침례만 받을 뿐이더라 [행 8:16]

> 명하여 예수 그리스도의 이름으로 침례를 베풀라 하니라 그들이

3. 회복의 계획

베드로에게 며칠 더 머물기를 청하니라 [행 10:48]
그들이 듣고 주 예수의 이름으로 침례를 받으니 [행 19:5]

마태복음 28장 19절에서 예수님은 아버지와 아들과 성령의 이름으로 침례를 주라고 하셨는데 제자들은 예수 이름으로 침례를 주었습니다. 그 이유는 아버지와 아들과 성령은 한 분 하나님이시며, 인간을 죄에서 구원할 그분의 진짜 이름이 예수이기 때문입니다. 제자들은 이러한 이름의 비밀을 알았기 때문에 주저 없이 예수 이름으로 침례를 베푼 것입니다. 예수님의 분부가 잘못된 것이 아니며 사도들이 잘못 순종한 것이 아닙니다. 이것은 사도들이 예수님의 뜻을 바로 이해하고 순종한 것입니다. 따라서 예수 이름으로 침례를 행한 것이 예수님의 참된 뜻입니다. 예수 이름으로 침례를 행해야만 죄 사함의 효력이 있다는 것은 다음의 말씀들을 통해서 바로 알 수 있습니다.
예수 이름과 죄 사함과는 불가분의 관계에 있습니다.

아들을 낳으리니 이름을 예수라 하라 이는 그가 자기 백성을 그들의 죄에서 구원할 자이심이라 하니라 [마 1:21]
나는 세상에 더 있지 아니하오나 그들은 세상에 있사옵고 나는 아버지께로 가옵나니 거룩하신 아버지여 내게 주신 아버지의 이름으로 그들을 보전하사 우리와 같이 그들도 하나가 되게 하옵소서 내가 그들과 함께 있을 때에 내게 주신 아버지의 이름으로 그들을 보전하고 지키었나이다 그 중의 하나도 멸망하지 않고 다만 멸망의

자식뿐이오니 이는 성경을 응하게 함이니이다 [요 17:11-12]
내가 아버지의 이름을 그들에게 알게 하였고 또 알게 하리니 이는 나를 사랑하신 사랑이 그들 안에 있고 나도 그들 안에 있게 하려 함이니이다 [요 17:26]
그에 대하여 모든 선지자도 증언하되 그를 믿는 사람들이 다 그의 이름을 힘입어 죄 사함을 받는다 하였느니라 [행 10:43]
또 그의 이름으로 죄 사함을 받게 하는 회개가 예루살렘에서 시작하여 모든 족속에게 전파될 것이 기록되었으니 [눅 24:47]
다른 이로써는 구원을 받을 수 없나니 천하 사람 중에 구원을 받을 만한 다른 이름을 우리에게 주신 일이 없음이라 하였더라 [행 4:12]
또 무엇을 하든지 말에나 일에나 다 주 예수의 이름으로 하고 그를 힘입어 하나님 아버지께 감사하라 [골 3:17]

③ 머리를 숙이고 받아야 합니다

일반적으로 침례를 행하는 교파에서는 침례란 예수님의 죽으심과 장사되심과 부활에 동참한다는 상징적 의미를 갖고 있다고 생각합니다. 따라서 침례를 행할 때 예수님의 장사를 본받아 얼굴을 위로 하고 눕는 자세로 받습니다. 그러나 본회에서는 침례란 예수님의 죽으심과 장사되심과 부활에 영적으로 동참하는 의미가 있다고 보고 있으며, 그 형식은 예수님의 죽으신 모습을 본받아 머리를 아래로 숙이고 받습니다. 성경은 이 문제에 대해서도 명쾌하게 답을 주고 있습니다.

3. 회복의 계획

> 무릇 그리스도 예수와 합하여 침례를 받은 우리는 그의 죽으심과 합하여 침례를 받은 줄을 알지 못하느냐 만일 우리가 그의 죽으심과 같은 모양으로 연합한 자가 되었으면 또한 그의 부활과 같은 모양으로 연합한 자도 되리라 [롬 6:3,5]
> 예수께서 신 포도주를 받으신 후에 이르시되 다 이루었다 하시고 머리를 숙이니 영혼이 떠나가시니라 [요 19:30]

바울 사도는 침례를 행할 때 '예수님의 죽으심과 같은 모양으로 연합'한다고 했으며 예수님께서 십자가에서 죽으실 때에 '머리를 숙이셨다'고 기록하고 있습니다(롬6:3,5, 요19:30). 따라서 침례 시 침수될 때 머리를 숙이고 받는 것이 더 성경적입니다. 이 부분은 구원과 관계있는 것은 아니고 좀 더 성경적인 순종을 하는 데 의의가 있습니다.

④ 보혜사 성령을 받은 하나님의 종에게 받아야 합니다.

죄를 사하는 것은 하나님의 절대 주권입니다. 목사나 신부나 기타 어떤 사람도 죄를 사할 수 있는 권한이 없습니다. 하나님은 죄 사함의 권세를 보혜사 성령을 통하여 교회에 위임하셨습니다. 이 권세가 천국의 열쇠입니다. 따라서 사도행전과 같은 보혜사 성령을 받은 하나님의 종에게 바른 침례를 받아야 죄 사함의 효력이 있는 것입니다. 죄는 사람이 사하는 것이 아니라 보혜사 성령 하나님께서 사해 주시기 때문입니다.

이 말씀을 하시고 그들을 향하사 숨을 내쉬며 이르시되 성령을 받으라 너희가 누구의 죄든지 사하면 사하여질 것이요 누구의 죄든지 그대로 두면 그대로 있으리라 하시니라 [요 20:22-23]
내가 천국 열쇠를 네게 주리니 네가 땅에서 무엇이든지 매면 하늘에서도 매일 것이요 네가 땅에서 무엇이든지 풀면 하늘에서도 풀리리라 하시고 [마 16:19]

2) 보혜사 성령

보혜사 성령은 인간이 범죄함으로 인간에게 떠나신 하나님의 영을 다시 회복하시기 위해서 주시는 성령이십니다. 예수님께서는 보혜사 성령을 주실 것을 예언하셨으며 오순절 보혜사 성령 강림을 통하여 실현되었습니다. 보혜사 성령에 관한 더 자세한 내용은 「원형의 구원복음」을 참조하시기 바랍니다.

내가 아버지께로부터 너희에게 보낼 보혜사 곧 아버지께로부터 나오시는 진리의 성령이 오실 때에 그가 나를 증언하실 것이요 [요 15:26]
그러나 내가 너희에게 실상을 말하노니 내가 떠나가는 것이 너희에게 유익이라 내가 떠나가지 아니하면 보혜사가 너희에게로 오시지 아니할 것이요 가면 내가 그를 너희에게로 보내리니 [요 16:7]

(1) 보혜사 성령의 침례는 '보혜사 성령 받는 것' 또는 '보혜사 성령의 내주'를 말한다

3. 회복의 계획

① 보혜사 성령의 침례

사도와 함께 모이사 그들에게 분부하여 이르시되 예루살렘을 떠나지 말고 내게서 들은 바 아버지께서 약속하신 것을 기다리라 요한은 물로 침례를 베풀었으나 너희는 몇 날이 못되어 성령으로 침례를 받으리라 하셨느니라 [행 1:4, 5]

예수님께서 부활하신 후에 제자들을 감람산에 모으시고 마지막 분부를 하실 때 "성령으로 침례를 받으라."라고 하신 것은 다음에 계속 설명이 되듯이 '보혜사 성령의 내주'를 말씀하고 있으며 '보혜사 성령을 받으라'라는 말씀입니다.

② 보혜사 성령 받음

이 말씀을 하시고 그들을 향하사 숨을 내쉬며 이르시되 성령을 받으라 [요 20:22]

예수님께서 "성령을 받으라"라고 하신 것은 이미 요한복음 14장, 15장, 16장에서 약속한 보혜사 성령을 말씀하고 있습니다.

③ 보혜사 성령의 내주(內住)
내주(內住)란 '안에 거하다'라는 뜻입니다. 예수님께서는 보혜사 성

령께서 "너희와 함께 거하심이요… 너희 속에 거하시겠음이라"라고 하셨으며(요14:16-17), 에스겔서에서는 "새 영을 너희 속에 두고… 내 영을 너희 속에 두어"라고 예언하였으며(겔36:26-27), 바울 사도는 "너희 속에 하나님의 영이 거하시면"(롬8:9)이라고 하셨습니다.

> 내가 아버지께 구하겠으니 그가 또 다른 보혜사를 너희에게 주사 영원토록 너희와 함께 있게 하리니 그는 진리의 영이라 세상은 능히 그를 받지 못하나니 이는 그를 보지도 못하고 알지도 못함이라 그러나 너희는 그를 아나니 그는 너희와 함께 거하심이요 또 너희 속에 계시겠음이라 [요 14:16-17]
> 또 새 영을 너희 속에 두고 새 마음을 너희에게 주되 너희 육신에서 굳은 마음을 제거하고 부드러운 마음을 줄 것이며 [27] 또 내 영을 너희 속에 두어 너희로 내 율례를 행하게 하리니 너희가 내 규례를 지켜 행할지라 [겔 36:26-27]
> 만일 너희 속에 하나님의 영이 거하시면 너희가 육신에 있지 아니하고 영에 있나니 누구든지 그리스도의 영이 없으면 그리스도의 사람이 아니라

(2) 보혜사 성령 받음과 구원과의 관계
① 영원한 생명이 회복됩니다

> 여호와께서 권능으로 내게 임재하시고 그의 영으로 나를 데리고

3. 회복의 계획

가서 골짜기 가운데 두셨는데 거기 뼈가 가득하더라 나를 그 뼈 사방으로 지나가게 하시기로 본즉 그 골짜기 지면에 뼈가 심히 많고 아주 말랐더라 그가 내게 이르시되 인자야 이 뼈들이 능히 살 수 있겠느냐 하시기로 내가 대답하되 주 여호와여 주께서 아시나이다 또 내게 이르시되 너는 이 모든 뼈에게 대언하여 이르기를 너희 마른 뼈들아 여호와의 말씀을 들을지어다 주 여호와께서 이 뼈들에게 이같이 말씀하시기를 내가 생기를 너희에게 들어가게 하리니 너희가 살아나리라 너희 위에 힘줄을 두고 살을 입히고 가죽으로 덮고 너희 속에 생기를 넣으리니 너희가 살아나리라 또 내가 여호와인 줄 너희가 알리라 하셨다 하라 이에 내가 명령을 따라 대언하니 대언할 때에 소리가 나고 움직이며 이 뼈, 저 뼈가 들어 맞아 뼈들이 서로 연결되더라 내가 또 보니 그 뼈에 힘줄이 생기고 살이 오르며 그 위에 가죽이 덮이나 그 속에 생기는 없더라 또 내게 이르시되 인자야 너는 생기를 향하여 대언하라 생기에게 대언하여 이르기를 주 여호와께서 이같이 말씀하시기를 생기야 사방에서부터 와서 이 죽음을 당한 자에게 불어서 살아나게 하라 하셨다 하라 이에 내가 그 명령대로 대언하였더니 생기가 그들에게 들어가매 그들이 곧 살아나서 일어나 서는데 극히 큰 군대더라

[겔 37:1-10]

본문은 에스겔 선지자가 본 환상입니다. 한 골짜기에 뼈들이 가득 차 있는데 하나님의 말씀을 대언했을 때 이 뼈 저 뼈가 들어맞아 연

결이 되고 힘줄과 가죽이 생겼으나 생기가 없었습니다. 하지만 생기가 들어가자 죽은 자들이 살아서 큰 군대가 되었다는 환상입니다. 이 환상은 아담에게 생기가 들어가자 살게 되는 것과 같은 것을 보여주며(창2:7; 고전15:45), 영적으로 죽은 인간들을 예수 그리스도의 구속을 통하여 살리시겠다는 예언입니다(마8:22; 엡2:1-2). 여기서 핵심은 하나님의 말씀과 생기입니다. 하나님의 말씀에 의해 사람의 모양을 갖추었지만 생기가 없으므로 살아 움직이지 못했습니다. 생기는 보혜사 성령을 상징합니다. 예수 믿는 사람들이 하나님의 말씀을 듣고 영적으로 살아 있는 것 같이 보이지만 보혜사 성령이 없으면 영원한 생명과 연합된 것이 아닙니다. 죄로 인해 인간의 영은 죽어 있었으나 침례를 받게 되면 거듭나 새 생명을 갖게 되며(롬6:4), 그리고 보혜사 성령을 받게 되면 예수 그리스도 안에 있는 영원한 생명이 새롭게 된 인간의 영, 즉 새 생명과 연합되어 영적으로 산영이 됩니다(창2:7; 고전15:45). 비유로 말하자면 말씀을 듣고 예수를 믿는 믿음은 자궁 안에 생명이 착상된 것이며(요6:63), 침례를 받는 것은 새 생명으로 거듭 태어난 것이며(롬6:4), 보혜사 성령을 받는 것은 새 생명이 숨을 쉬며 울음을 우는 것이며, 말씀을 듣고 깨닫는 것은 생명의 양식을 섭취하는 것과 같습니다(요일1:1). 따라서 믿음과 침례와 보혜사 성령과 말씀은 모두 참 생명을 탄생시키고 유지하고 성장하게 하는 데 떼려야 뗄 수 없는 관계에 있습니다.

② 하나님의 아들이 되었다는 증거가 됩니다

너희는 다시 무서워하는 종의 영을 받지 아니하고 양자의 영을 받았으므로 우리가 아빠 아버지라고 부르짖느니라 성령이 친히 우리의 영과 더불어 우리가 하나님의 자녀인 것을 증언하시나니

[롬 8:15,16]

너희가 아들이므로 하나님이 그 아들의 영을 우리 마음 가운데 보내사 아빠 아버지라 부르게 하셨느니라 그러므로 네가 이 후로는 종이 아니요 아들이니 아들이면 하나님으로 말미암아 유업을 받을 자니라 [갈 4:6-7]

보혜사 성령은 많은 경우에 증거의 역할을 합니다. 보혜사 성령을 보이지도 않고 만질 수도 없습니다. 죄 사함, 보혜사 성령, 구원, 영생, 하나님의 자녀 됨 등 이러한 것들은 성경 말씀에 기록은 되어 있지만 믿는 자 개인에게 그러한 것들을 받았다고 확인할 증거가 없습니다. 하지만 하나님은 보혜사 성령을 받게 하셔서 체험하게 하시고 자신과 타인도 확인할 수 있는 객관적인 증거를 주셨습니다.

하나님이 오른손으로 예수를 높이시매 그가 약속하신 성령을 아버지께 받아서 너희가 보고 듣는 이것을 부어 주셨느니라 [행 2:33]

성경에서 제시한 보혜사 성령을 받는 체험이 공동체 안에서 동일하

게 체험되면 그 체험은 객관적 증거가 됩니다. 따라서 보혜사 성령을 오순절처럼 받게 되면 하나님의 자녀가 되었다는 객관적인 증거를 갖게 됩니다. 그러므로 성경은 '성령께서 하나님의 자녀인 것을 증언'하며 '아빠 아버지라고 부를 수 있게 하였다'고 말씀하고 있습니다.

③ 그리스도의 사람이 됩니다

만일 너희 속에 하나님의 영이 거하시면 너희가 육신에 있지 아니하고 영에 있나니 누구든지 그리스도의 영이 없으면 그리스도의 사람이 아니라 [롬 8:9]

바울 사도는 "그리스도의 영이 없으면 그리스도의 사람이 아니라"라고 했습니다. 그리스도의 영은 보혜사 성령을 말씀하고 있습니다. 이 말씀은 보혜사 성령이 있어야 그리스도의 사람이라고 할 수 있다는 것입니다. 즉 보혜사 성령이 있어야 그리스도의 사람이라는 증거가 된다는 의미입니다.

④ 천국 기업의 보증이 됩니다

그 안에서 너희도 진리의 말씀 곧 너희의 구원의 복음을 듣고 그 안에서 또한 믿어 약속의 성령으로 인치심을 받았으니 이는 우리 기업의 보증이 되사 그 얻으신 것을 속량하시고 그의 영광을 찬송

3. 회복의 계획

하게 하려 하심이라 [엡 1:13-14]

"약속의 성령으로 인치심을 받았으니"라는 말은 보혜사 성령을 받았다는 뜻이며, "기업의 보증이 되사"라는 말은 천국 기업을 받을 수 있는 보증을 받았다는 의미입니다. 보혜사 성령을 받는 것은 천국에 갈 수 있다는 확실한 외적 증거를 하나님으로부터 받았다는 말입니다.

⑤ 마지막 날에 부활하게 합니다

예수를 죽은 자 가운데서 살리신 이의 영이 너희 안에 거하시면 그리스도 예수를 죽은 자 가운데서 살리신 이가 너희 안에 거하시는 그의 영으로 말미암아 너희 죽을 몸도 살리시리라
[롬 8:11] [참고, 고후 5:1-5]

성도의 최대 소망은 예수께서 재림하실 때 영광의 몸으로 부활하여 공중에서 주님을 영접하는 것입니다. "예수를 죽은 자 가운데서 살리신 이의 영"은 보혜사 성령을 말하며, "그 영으로 말미암아 너희 죽을 몸도 살리시리라"라는 말씀은 육신은 죽을 수밖에 없지만 우리 안에 거하시는 보혜사 성령으로 말미암아 예수님께서 재림하실 때 영광의 몸으로 부활하게 될 것이라고 말씀하고 있습니다.

(3) 보혜사 성령 받은 증거
① 믿었다고 보혜사 성령 받은 것이 아닙니다

시몬 베드로가 대답하여 이르되 주는 그리스도시요 살아 계신 하나님의 아들이시니이다 예수께서 대답하여 이르시되 바요나 시몬아 네가 복이 있도다 이를 네게 알게 한 이는 혈육이 아니요 하늘에 계신 내 아버지시니라 또 내가 네게 이르노니 너는 베드로라 내가 이 반석 위에 내 교회를 세우리니 음부의 권세가 이기지 못하리라

[마 16:16-18]

베드로가 예수님을 그리스도로 시인했으나 그때 보혜사 성령을 받은 것이 아니라 후에 오순절 보혜사 성령 강림 때 보혜사 성령을 받았습니다(행 2:1-4).

아볼로가 고린도에 있을 때에 바울이 윗 지방으로 다녀 에베소에 와서 어떤 제자들을 만나 이르되 너희가 믿을 때에 성령을 받았느냐 이르되 아니라 우리는 성령이 계심도 듣지 못하였노라 바울이 이르되 그러면 너희가 무슨 침례를 받았느냐 대답하되 요한의 침례니라 바울이 이르되 요한이 회개의 침례를 베풀며 백성에게 말하되 내 뒤에 오시는 이를 믿으라 하였으니 이는 곧 예수라 하거늘 그들이 듣고 주 예수의 이름으로 침례를 받으니 바울이 그들에게 안수하매 성령이 그들에게 임하시므로 방언도 하고 예언도 하니

3. 회복의 계획

모두 열두 사람쯤 되니라 [행 19:1-7]

② 침례받았다고 보혜사 성령 받은 것이 아닙니다

예루살렘에 있는 사도들이 사마리아도 하나님의 말씀을 받았다 함을 듣고 베드로와 요한을 보내매 그들이 내려가서 그들을 위하여 성령 받기를 기도하니 이는 아직 한 사람에게도 성령 내리신 일이 없고 오직 주 예수의 이름으로 침례만 받을 뿐이더라 이에 두 사도가 그들에게 안수하매 성령을 받는지라 [행 8:14-17]

사마리아에서 전도된 신도들이 침례를 받기 전에 이미 예수를 믿고 기사이적을 체험도 하였을 정도였습니다. 하지만 아직 보혜사 성령을 받지 못한 상태였습니다.

③ 선한 행위나 각종 체험이 있다고 보혜사 성령 받은 것이 아닙니다

가이사랴에 고넬료라 하는 사람이 있으니 이달리야 부대라 하는 군대의 백부장이라 그가 경건하여 온 집안과 더불어 하나님을 경외하며 백성을 많이 구제하고 하나님께 항상 기도하더니 하루는 제 구 시쯤 되어 환상 중에 밝히 보매 하나님의 사자가 들어와 이르되 고넬료야 하니 고넬료가 주목하여 보고 두려워 이르되 주여 무슨 일이니이까 천사가 이르되 네 기도와 구제가 하나님 앞에 상

달되어 기억하신 바가 되었으니 [행 10:1-4]

고넬료에게 이렇게 훌륭한 믿음과 행위가 있었고 환상을 보고 하나님의 인정을 받았으나 보혜사 성령을 받은 것이 아니었고 후에 베드로가 고넬료 집에 가서 설교할 때 다음과 같이 보혜사 성령을 받았습니다.

베드로가 이 말을 할 때에 성령이 말씀 듣는 모든 사람에게 내려오시니 베드로와 함께 온 할례 받은 신자들이 이방인들에게도 성령 부어 주심으로 말미암아 놀라니 이는 방언을 말하며 하나님 높임을 들음이러라 이에 베드로가 이르되 이 사람들이 우리와 같이 성령을 받았으니 누가 능히 물로 침례 베풂을 금하리요 하고 명하여 예수 그리스도의 이름으로 침례를 베풀라 하니라 그들이 베드로에게 며칠 더 머물기를 청하니라 [행 10:44-48]

④ 보혜사 성령은 믿고 간절히 구해야 받을 수 있습니다

내가 또 너희에게 이르노니 구하라 그러면 너희에게 주실 것이요 찾으라 그러면 찾아낼 것이요 문을 두드리라 그러면 너희에게 열릴 것이니 구하는 이마다 받을 것이요 찾는 이는 찾아낼 것이요 두드리는 이에게는 열릴 것이니라 너희 중에 아버지 된 자로서 누가 아들이 생선을 달라 하는데 생선 대신에 뱀을 주며 알을 달라 하는데

전갈을 주겠느냐 너희가 악할지라도 좋은 것을 자식에게 줄 줄 알 거든 하물며 너희 하늘 아버지께서 구하는 자에게 성령을 주시지 않겠느냐 하시니라 [눅 11:9-13]

그들이 내려가서 그들을 위하여 성령 받기를 기도하니 이는 아직 한 사람에게도 성령 내리신 일이 없고 오직 주 예수의 이름으로 침례만 받을 뿐이더라 이에 두 사도가 그들에게 안수하매 성령을 받는지라 [행 8:15-17]

대부분의 개신교에서는 보혜사 성령은 믿을 때 내주해 있는 것으로 생각을 합니다. 따라서 보혜사 성령을 구할 필요를 느끼지 않습니다. 하지만 예수님은 "구하라… 찾으라… 문을 두드리라"라고 하시는데 궁극적으로 보혜사 "성령"을 받으려면 간절히 구해야 할 것을 말씀하고 있습니다. 그리고 사도들은 실제로 보혜사 성령을 받도록 간절히 기도하여 보혜사 성령을 받게 하였습니다. 이것은 보혜사 성령을 단지 믿었다고 받을 수 있는 것이 아니라 간절히 구해야 받을 수 있다는 것을 보여주고 있습니다.

⑤ 보혜사 성령을 받으면 그 증거로 반드시 방언을 말합니다

오순절날이 이미 이르매 저희가 다같이 한 곳에 모였더니 홀연히 하늘로부터 급하고 강한 바람 같은 소리가 있어 저희 앉은 온 집에 가득하며 불의 혀 같이 갈라지는 것이 저희에게 보여 각 사람 위에 임

제2편
본론

하여 있더니 저희가 다 성령의 충만함을 받고 성령이 말하게 하심을 따라 다른 방언으로 말하기를 시작하니라 [행 2:1-4 개역한글판]
그들이 다 성령의 충만함을 받고 성령이 말하게 하심을 따라 다른 언어들로 말하기를 시작하니라 [행 2:4 개역개정판]

사도행전 2장은 최초로 보혜사 성령 받아 방언을 말하는 광경입니다. 위에서 보면 개역한글판에는 '방언'이라고 번역되어 있습니다. 그런데 개역한글판에서 최근에 약간 개역된 개역개정판에는 방언을 '다른 언어'라고 바꾸어 번역을 했습니다. 물론 원어에는 방언(헬라어: γλώσσαις 그로사이스, 영어: tongues 텅스)이라고 하여 다른 곳에 나와 있는 방언과 같은 말로 되어 있습니다. 번역하는 사람들이 보혜사 성령 받아 방언하지 않기 때문에 자신들의 잘못을 은폐하기 위하여 그렇게 번역한 것이라고 볼 수 있습니다.

베드로가 이 말을 할 때에 성령이 말씀 듣는 모든 사람에게 내려오시니 베드로와 함께 온 할례 받은 신자들이 이방인들에게도 성령 부어 주심으로 말미암아 놀라니 이는 방언을 말하며 하나님 높임을 들음이라 이에 베드로가 이르되 이 사람들이 우리와 같이 성령을 받았으니 누가 능히 물로 침례 베풂을 금하리요 하고
[행 10:44-47]
바울이 그들에게 안수하매 성령이 그들에게 임하시므로 방언도 하고 예언도 하니 모두 열두 사람쯤 되니라 [행 19:6-7]

3. 회복의 계획

그러므로 보혜사 성령 받는 것은 반드시 보고 들을 수가 있습니다. 보혜사 성령은 보이지 않습니다. 보이지 않는 보혜사 성령을 어떻게 받았다고 확인할 수 있을까요? 그것은 바로 방언입니다. 방언은 보이지 않는 보혜사 성령을 믿고 구하는 성도가 직접 체험하고 다른 사람도 확인할 수 있는 객관적인 증거입니다. 따라서 "보고 듣는 이것을 부어 주셨느니라"라고 말씀하십니다.

> 하나님이 오른손으로 예수를 높이시매 그가 약속하신 성령을 아버지께 받아서 너희가 보고 듣는 이것을 부어 주셨느니라 [행 2:33]

보혜사 성령 받아 방언을 말할 때 술 취했다, 미쳤다고 조롱을 받기도 합니다.

> 다 놀라며 당황하여 서로 이르되 이 어찌 된 일이냐 하며 또 어떤 이들은 조롱하여 이르되 그들이 새 술에 취하였다 하더라 베드로가 열한 사도와 함께 서서 소리를 높여 이르되 유대인들과 예루살렘에 사는 모든 사람들아 이 일을 너희로 알게 할 것이니 내 말에 귀를 기울이라 때가 제 삼 시니 너희 생각과 같이 이 사람들이 취한 것이 아니라 [행 2:12-15]
> 그러므로 온 교회가 함께 모여 다 방언으로 말하면 알지 못하는 자들이나 믿지 아니하는 자들이 들어와서 너희를 미쳤다 하지 아니하겠느냐 [고전 14:23]

그렇다고 방언을 금해서는 안 되는 것입니다.

그런즉 내 형제들아 예언하기를 사모하며 방언 말하기를 금하지 말라 [고전 14:39]

⑥ 방언은 보혜사 성령 받은 증거 외에 하나님과의 은밀한 기도로 사용됩니다

방언을 말하는 자는 사람에게 하지 아니하고 하나님께 하나니 이는 알아 듣는 자가 없고 영으로 비밀을 말함이라 [고전 14:2]
만일 통역하는 자가 없으면 교회에서는 잠잠하고 자기와 하나님께 말할 것이요 [고전 14:28]

⑦ 만일 통역이 있게 되면 교회의 덕을 세우기 위한 은사가 됩니다

나는 너희가 다 방언 말하기를 원하나 특별히 예언하기를 원하노라 만일 방언을 말하는 자가 통역하여 교회의 덕을 세우지 아니하면 예언하는 자만 못하니라 [고전 14:5]
그러므로 방언을 말하는 자는 통역하기를 기도할지니 [고전 14:13]

결론적으로 말씀을 드리면 방언의 용도는 크게 세 가지로 요약할 수 있습니다. 첫째는 보혜사 성령 받은 외적 증거이며, 둘째는 하나

님과의 비밀한 교제를 위한 기도용이며, 셋째는 통역이 따를 때 성령의 아홉 가지 은사 중의 하나(고전 12:4-11)가 되는 것입니다.

(4) 보혜사 성령의 내주와 감동

보혜사 성령의 내주는 하나님께서 인간을 구원할 원대한 경륜 안에 있는 것입니다. 예수께서 죽음에서 부활하고 승천하신 후, 오순절에 120명의 제자들이 보혜사 성령 충만을 받은 때 최초로 내주의 역사가 있게 되었습니다. 오순절 보혜사 성령 강림이 있기 전까지는 보혜사 성령 받는 일이 없었습니다.

> 명절 끝날 곧 큰 날에 예수께서 서서 외쳐 이르시되 누구든지 목마르거든 내게로 와서 마시라 나를 믿는 자는 성경에 이름과 같이 그 배에서 생수의 강이 흘러나오리라 하시니 이는 그를 믿는 자들이 받을 성령을 가리켜 말씀하신 것이라 (예수께서 아직 영광을 받지 않으셨으므로 성령이 아직 그들에게 계시지 아니하시더라) [요 7:37-39]

따라서 구약시대에는 보혜사 성령의 내주가 없었습니다. 그러면 구약시대 성령의 활동은 무엇입니까? 그것은 성령의 감동입니다. 구원과는 관계없이 하나님의 필요에 따라서 성령으로 감동하여 하나님의 뜻을 이루셨습니다. 예를 들어, 말씀을 전하고, 환상을 보고, 기적을 행하며, 예언 등을 행했습니다.

제2편
본 론

> 예언은 언제든지 사람의 뜻으로 낸 것이 아니요 오직 성령의 감동
> 하심을 받은 사람들이 하나님께 받아 말한 것임이라 [벧후 1:21]
> 모든 성경은 하나님의 감동으로 된 것으로 교훈과 책망과 바르게
> 함과 의로 교육하기에 유익하니 [딤후 3:16]

사도시대 당시에 신약성경은 없었습니다. 여기서 말한 예언이나 모든 성경은 구약성경을 말합니다. 구약시대 성경 기록은 성령 감동의 역사라는 것을 보여주고 있습니다. 그 외에 구약시대 많은 기사이적과 하나님의 하시는 일은 성령의 감동으로 된 것입니다.

> 사무엘이 기름 뿔병을 가져다가 그의 형제 중에서 그에게 부었더니
> 이 날 이후로 다윗이 여호와의 영에게 크게 감동되니라 사무엘이
> 떠나서 라마로 가니라 [삼상 16:13]
> 다윗이 성령에 감동되어 친히 말하되 주께서 내 주께 이르시되 내
> 가 네 원수를 네 발 아래에 둘 때까지 내 우편에 앉았으라 하셨도
> 다 하였느니라 [막 12:36]

신약시대에도 구약시대와 마찬가지로, 보혜사 성령의 내주가 없는 사람이라 하더라도 성령의 감동의 역사는 있을 수 있습니다. 예를 들어, 예수를 구주로 시인한다든가 예수 이름으로 기사이적을 행하기도 합니다(마16:16, 고전12:3, 눅10:17). 많은 믿는 사람들이 이 점에 있어서 혼란을 일으키므로 보혜사 성령 받는 문제에 대해서 오

해를 하게 됩니다.

성령의 감동을 '보혜사 성령의 내주', '보혜사 성령의 침례', '보혜사 성령을 받는 것'으로 오해하고 있습니다. 그러나 성령의 감동과 보혜사 성령 받는 것과는 별개입니다. 성령의 감동을 받는 사람이 보혜사 성령을 받을 수는 있으나 성령의 감동 자체가 보혜사 성령 받는 것이 결코 아니라는 사실을 알아야 합니다. 보혜사 성령은 오직 사도행전에서처럼 구하여 받아야 합니다.

(5) 침례와 보혜사 성령과의 관계

물과 성령으로 거듭나는 것은 원칙적으로는 '침례와 보혜사 성령을 받음'의 두 가지로 완성이 되나 그 시작은 침례입니다. 침례를 받을 때 중생을 한 것이며 보혜사 성령은 반드시 선물로 주신다고 했습니다(딛3:5, 행2:38). 침례를 받기 전에 먼저 보혜사 성령을 받든, 침례를 받은 후에 보혜사 성령을 늦게 받든, 거듭남은 침례를 받는 순간부터입니다.

인간의 입장에서 보면 침례받아 죄 사함을 받는 것과 보혜사 성령을 받는 것이 시간적인 차이가 있지만 하나님 입장에서는 차이가 없습니다. 침례받은 사람은 반드시 보혜사 성령을 선물로 주시겠다고 약속을 하셨기 때문에, 침례를 받으면 이미 보혜사 성령을 받은 것과 같게 여겨 주시는 것입니다. 침례를 받게 되면 법적으로는 보혜사 성령을 받은 사람과 같이 모든 것에 구원에 있어서 동일한 축복을 누릴 수가 있는 것입니다.

침례를 받은 사람은 하나님의 권세 아래 놓이게 되며 법적으로 하나님의 소유가 되는 것입니다. 그러므로 보혜사 성령께서 침례받은 자 안에 들어오셔서 사령의 세력을 물리치고 주인이 되고 왕이 되셔서 마음을 다스리시고 통치하십니다(마12:28-29). 침례만 받고 보혜사 성령을 받지 않은 사람은 마치 집을 사서 소유 이전 수속은 마쳤으나 그 주인이 아직 집으로 이사를 오지 않는 상태와 같습니다. 그러나 보혜사 성령께서 내주하시므로 하나님이신 예수님이 친히 거듭난 성도 안에서 왕이 되시고 주인이 되셔서 사시게 되는 것입니다.

06

> 거듭남으로써 이 두 가지 문제를 해결한 사람은 사탄의 권세에서 하나님의 권세로 들어와 범죄 하기 이전의 인간처럼 회복되어 엄청난 복된 신분의 변화를 받게 되며, 또한 복되고 풍성한 삶을 누릴 수 있게 되며, 장차 죽게 되면 그 영혼이 낙원을 거쳐 영원한 천국에 들어갈 자격을 얻게 됩니다

1. 사탄의 권세에서 하나님의 권세로

거듭난 성도는 영적으로 이미 엄청난 위치의 이동과 신분의 변화

가 있습니다. 비록 육신은 이 죄악 세상에서 살면서 세상 사람과 크게 다르지 않은 것 같지만 엄청난 영적 신분을 얻었으며, 또, 전혀 다른 위치와 자격을 가지고 살아가고 있는 것입니다. 저주받은 마귀의 종이요 마귀의 자식에서 사랑받는 하나님의 자녀로, 죄인에서 의인으로, 사탄과 어둠의 권세에서 빛의 나라·사랑의 아들의 나라로, 땅에 속한 자에서 하늘에 속한 자로 영적 위치와 신분을 가지고 사는 사람입니다.

> 그 눈을 뜨게 하여 어둠에서 빛으로, 사탄의 권세에서 하나님께로 돌아오게 하고 죄 사함과 나를 믿어 거룩하게 된 무리 가운데서 기업을 얻게 하리라 하더이다 [행 26:18]
> 그가 우리를 흑암의 권세에서 건져내사 그의 사랑의 아들의 나라로 옮기셨으니 [골 1:13]
> 허물로 죽은 우리를 그리스도와 함께 살리셨고 (너희는 은혜로 구원을 받은 것이라) 또 함께 일으키사 그리스도 예수 안에서 함께 하늘에 앉히시니 [엡 2:5-6]

2. 복된 신분의 변화

거듭난 성도는 영적으로 엄청난 영광스러운 신분의 변화를 받게 됩니다. 그 영광스러움은 너무도 비밀스러운 것이어서 인간의 어떠한 표현으로도 다 묘사할 수가 없습니다. 그 영광스러운 신분은 예수님께서 재림하실 때 물질적인 것을 모두 거두시므로 분명하게 나타날 것입니다. 하지만 지금 믿음의 눈이 열려 이 변화된 영광스러운 신분을 깨달을 때 믿음이 더욱 풍성한 삶을 누릴 수 있습니다. 성경은 그 영광스러운 비밀의 일부를 비유로써 나타내 보여주고 있습니다. 그 비유의 특징을 통해서 하나님과의 영광스러운 신분과 관계를 이해할 수 있기를 바랍니다.

거듭난 성도들은 육적으로는 아무런 신분상의 변화가 없어 보이지만 영적으로는 엄청난 신분의 변화를 받게 됩니다. 하나님께서 인정하시는 영광스러운 신분의 변화입니다. 성도가 말씀을 깨달아 영적인 눈과 믿음의 눈이 열려 이 영광스러운 신분의 변화를 알 수 있다면 얼마나 감격스러울 것이며, 얼마나 하나님께 감사와 찬송과 영광을 돌리게 되겠습니까? 그리고 또 그리스도의 형상을 닮은 인격적인 변화가 얼마나 일어나겠습니까? 이 사실을 절실히 깨달아 알기를 원합니다.

1) 새로운 피조물

그런즉 누구든지 그리스도 안에 있으면 새로운 피조물이라 이전 것은 지나갔으니 보라 새 것이 되었도다 [고후 5:17]

하나님의 물질적 창조물은 인간의 타락으로 쇠하고 낡아지고 썩어져 가는 것이 되었습니다. 인간도 타락으로 인하여 하나님의 형상을 닮은 영광스러운 존재가 추악하고, 더럽고, 쇠하고, 죽을 수밖에 없는 존재로 전락하고 말았습니다(벧전1:3-4). 그러나 예수 그리스도를 통하여 거듭난 성도는 영적으로 새로운 피조물이 되어 장차 영광의 몸을 회복하여, 하나님과 함께 천국에서 영원히 살 것입니다(빌3:21).

2) 하나님의 자녀

영접하는 자 곧 그 이름을 믿는 자들에게는 하나님의 자녀가 되는 권세를 주셨으니 [요 1:12]
너희가 아들이므로 하나님이 그 아들의 영을 우리 마음 가운데 보내사 아빠 아버지라 부르게 하셨느니라 그러므로 네가 이 후로는 종이 아니요 아들이니 아들이면 하나님으로 말미암아 유업을 받을 자니라 [갈 4:6-7]
성령이 친히 우리의 영과 더불어 우리가 하나님의 자녀인 것을 증언하시나니 [롬 8:16]

자녀는 부모의 핏줄을 가지고 끊으려야 끊을 수 없는 인연을 가지고 태어납니다. 부모는 자녀를 목숨처럼 사랑하고 모든 유산을 유업으로 물려줍니다. 이처럼 하나님은 거듭난 성도를 자녀로 인정하시고, 끊을 수 없는 사랑으로 사랑하시고 하나님의 모든 소유를 누릴 권한을 주십니다. 하나님의 자녀가 되었다는 것은 무한한 영광입니다.

3) 거룩한 백성, 성민(聖民), 성도(聖徒)

성도는 하나님의 거룩한 백성입니다. 비록 부족할지라도 하나님은 성도들을 거룩하게 보아 주십니다. 하나님은 그 거룩함은 성도들이 추구해야 할 목표가 됩니다. 또한 하나님의 백성은 하나님의 특별한 보호와 섭리 안에 있습니다. 오직 믿음으로 순종하기만 하면 하나님은 자신의 백성을 지키시고 보호하시며 풍성하게 누리게 하십니다.

> 그러므로 예수도 자기 피로써 백성을 거룩하게 하려고 성문 밖에서 고난을 받으셨느니라 [히 13:12]
> 사람들이 너를 일컬어 거룩한 백성이라 여호와께서 구속하신 자라 하겠고 또 너를 일컬어 찾은 바 된 자요 버림 받지 아니한 성읍이라 하리라 [사 62:12]
> 그리스도 예수 안에 있는 성도에게 각각 문안하라 나와 함께 있는 형제들이 너희에게 문안하고 [빌 4:21]

4) 예수님의 신부, 아내

우리가 즐거워하고 크게 기뻐하며 그에게 영광을 돌리세 어린 양의 혼인 기약이 이르렀고 그의 아내가 자신을 준비하였으므로 그

3. 회복의 계획

에게 빛나고 깨끗한 세마포 옷을 입도록 허락하셨으니 이 세마포 옷은 성도들의 옳은 행실이로다 하더라 [계 19:7,8]
[참고, 고후 11:2, 엡5:31-33]

거듭난 성도들은 예수님의 신부요 아내입니다. 이것은 하나님께서 성도를 사랑하실 때, 남녀의 사랑이 오직 일대일인 것처럼 그렇게 사랑하신다는 것을 보여주고 있습니다. 따라서 성도는 예수님께 대해서 순결을 지켜야 합니다. 이 세상을 하나님보다 더 사랑하는 것은 영적 간음인 것입니다.

이 세상이나 세상에 있는 것들을 사랑하지 말라 누구든지 세상을 사랑하면 아버지의 사랑이 그 안에 있지 아니하니 이는 세상에 있는 모든 것이 육신의 정욕과 안목의 정욕과 이생의 자랑이니 다 아버지께로부터 온 것이 아니요 세상으로부터 온 것이라 [요일 2:15-16] 간음한 여인들아 세상과 벗된 것이 하나님과 원수 됨을 알지 못하느냐 그런즉 누구든지 세상과 벗이 되고자 하는 자는 스스로 하나님과 원수 되는 것이니라 [약 4:4]

5) 예수님의 친구

사람이 친구를 위하여 자기 목숨을 버리면 이보다 더 큰 사랑이 없나니 너희는 내가 명하는 대로 행하면 곧 나의 친구라 [요 15:13-14]

예수님은 거듭난 성도를 친구처럼 친밀하고 허물없고 의리 있게 사랑하신다는 의미입니다. 친구는 외로울 때 위로가 되며, 필요할 때 도움이 됩니다. 이 세상의 친구는 변할지라도 예수님은 영원히 변치 않는 성도의 친구가 되십니다.

6) 제사장

너희도 산 돌 같이 신령한 집으로 세워지고 예수 그리스도로 말미암아 하나님이 기쁘게 받으실 신령한 제사를 드릴 거룩한 제사장이 될지니라 [벧전 2:5]
그러나 너희는 택하신 족속이요 왕 같은 제사장들이요 거룩한 나라요 그의 소유가 된 백성이니 이는 너희를 어두운 데서 불러 내어 그의 기이한 빛에 들어가게 하신 이의 아름다운 덕을 선포하게 하려 하심이라 [벧전 2:9]

거듭난 성도는 하나님의 제사장이 되어 자신의 죄를 직접 하나님 앞에 속죄할 수 있는 자격을 갖게 됩니다. 죄의 해결이 없이는 절대 하나님과의 관계를 개선하고 유지할 수 없으며, 거듭나 받은 구원을 유지하여 천국에 들어갈 수 없습니다. 구약시대의 육에 속한 성전과 제사와 제사장과 제물이 모두 폐하여졌기 때문에 신약시대에는 성도가 직접 영적인 제사장이 되어 자신의 죄를 사함받아야 합니다. 그렇게 되기 위해서 하나님은 거듭난 성도를 제사장으로 삼으신 것입니다.

3. 회복의 계획

7) 하나님의 성전(聖殿)

그의 안에서 건물마다 서로 연결하여 주 안에서 성전이 되어 가고 너희도 성령 안에서 하나님이 거하실 처소가 되기 위하여 그리스도 예수 안에서 함께 지어져 가느니라 [엡 2:21-22]
너희는 너희가 하나님의 성전인 것과 하나님의 성령이 너희 안에 계시는 것을 알지 못하느냐 누구든지 하나님의 성전을 더럽히면 하나님이 그 사람을 멸하시리라 하나님의 성전은 거룩하니 너희도 그러하니라 [고전 3:16-17]
너희 몸은 너희가 하나님께로부터 받은 바 너희 가운데 계신 성령의 전인 줄을 알지 못하느냐 너희는 너희 자신의 것이 아니라
 [고전 6:19]

거듭난 성도는 하나님의 거하실 처소요 성전입니다. 하나님께서 보혜사 성령으로 성도 안에 거하시면서 성도와 영적 교제를 나누며 살기를 원하시고, 하나님의 형상을 닮아 가며 하나님의 뜻에 따라 살기를 원하십니다. 구약시대에는 성전이 예루살렘에 있었지만 성도가 거듭나게 되면 성도의 마음이 성전이 되고 지성소가 되고 언약궤가 놓이게 됩니다. 따라서 성도는 생명의 성령의 법에 따라 살므로 언제든지 자백과 회개를 함으로 지은 죄를 해결하여 십자가 대속의 은혜를 누리게 됩니다.

8) 그리스도와 함께 왕 노릇

참으면 또한 함께 왕 노릇 할 것이요 우리가 주를 부인하면 주도 우리를 부인하실 것이라 [딤후 2:12]
그들로 우리 하나님 앞에서 나라와 제사장들을 삼으셨으니 그들이 땅에서 왕 노릇 하리로다 하더라 [계 5:10]
이 첫째 부활에 참여하는 자들은 복이 있고 거룩하도다 둘째 사망이 그들을 다스리는 권세가 없고 도리어 그들이 하나님과 그리스도의 제사장이 되어 천 년 동안 그리스도와 더불어 왕 노릇 하리라
[계 20:6]

거듭난 성도는, 보혜사 성령께서 내주하시므로 하나님의 나라가 마음에 임하였습니다(눅17:20-21, 마12:28). 따라서 성도의 몸은 영적으로 하나님의 통치가 임한 하늘나라인 것입니다. 그러므로 보혜사 성령으로 임재(臨在)하신 예수님과 더불어 우리의 마음을 잘 다스려 하나님이 기뻐하시는 나라가 되도록 해야 할 것입니다.

9) 하나님의 종

너희는 자유가 있으나 그 자유로 악을 가리는 데 쓰지 말고 오직 하나님의 종과 같이 하라 [벧전 2:16]

3. 회복의 계획

　성도가 하나님을 '주님' 혹은 '주여'라고 부르는 것은, 성도가 하나님의 종이요 예수님의 종이라는 것을 고백하는 것입니다. 종은 오직 주인의 뜻에 따르는 것과 주인에게 충성하는 것이 의무입니다. 마귀의 종에서 하나님의 종이 되었다는 것은 매우 영광스러운 일입니다.

10) 예수님의 제자

　너희가 서로 사랑하면 이로써 모든 사람이 너희가 내 제자인 줄 알리라 [요 13:35]
　너희가 열매를 많이 맺으면 내 아버지께서 영광을 받으실 것이요 너희는 내 제자가 되리라 [요 15:8]

　최고의 스승이며 지혜자인 예수님의 제자가 되었다는 것은 너무도 자랑스러운 일입니다. 제자는 선생님을 따르면서 선생님의 가르침을 열심히 진지하게 배우고 실천을 해야 하며, 다른 사람을 제자 삼아 가르치고 모범을 보여야 합니다(마28:18-19).

11) 그리스도의 병사

　너는 그리스도 예수의 좋은 병사로 나와 함께 고난을 받으라 병사로 복무하는 자는 자기 생활에 얽매이는 자가 하나도 없나니 이는 병사로 모집한 자를 기쁘게 하려 함이라 [딤후 2:3-4]

무적의 그리스도를 대장으로 모시고 영적 전투를 할 수 있는 그리스도의 병사가 되었다는 것은 최고로 영예스러운 일입니다. 병사의 가장 중요한 덕목은 절대 충성입니다. 상관의 명령이면 죽음도 불사하고 복종해야 하는 것입니다. 성도들은 그리스도의 좋은 병사로서 예수님의 명령과 지도자의 명령에 철저히 복종하는 충성심이 있어야 합니다.

12) 그리스도의 일꾼

이 은혜는 곧 나로 이방인을 위하여 그리스도 예수의 일꾼이 되어 하나님의 복음의 제사장 직분을 하게 하사 이방인을 제물로 드리는 것이 성령 안에서 거룩하게 되어 받으실 만하게 하려 하심이라 [롬 15:16]

만왕의 왕이요 만주의 주 되신 예수 그리스도를 위해 일꾼이 된 것은 최고의 영광입니다. 일꾼은 부지런함이 그 특성입니다. 성도는 그리스도 예수의 일꾼이므로 맡은 일이나 해야 할 일에 있어서 게으르지 않고 성실하고 부지런하게 일을 하여야 하는 것입니다.

3. 복되고 풍성한 삶의 회복

1) 복되고 풍성한 삶을 사는 것은 하나님의 뜻

거듭난 성도들은 사탄의 권세에서 하나님의 권세인 영적 에덴으로

3. 회복의 계획

회복된 자들입니다. 따라서 에덴에서의 복된 삶을 회복하여 누리는 것이 하나님의 뜻입니다. 하나님을 잘 믿는다는 것 중의 하나는 하나님의 뜻 안에서 복되고 풍성한 삶을 누리는 것으로 증거될 수 있습니다. 이 말은 단지 물질적으로 형통하고 육체적으로 건강한 것만을 말하고 있지 않습니다. 물질적으로 형통하고 육체적으로 건강하게 되면 더 좋을 것이나 그렇지 않다 하더라도 하나님은 얼마든지 복되고 풍성한 삶을 살 수 있다고 말씀하고 계십니다.

하나님은, 성도가 하나님의 권세인 영적 에덴에서 허락하신 복되고 풍성한 삶을 누리시기를 간절히 바라고 계십니다. 또한 그러한 복되고 풍성한 삶을 누릴 수 있도록 하나님을 믿고 순종하며 나아오는 자들을 도우실 것입니다. 이러한 하나님의 뜻과 약속을 굳게 믿고 하나님을 신뢰하고 말씀에 철저히 순종해야 할 것입니다.

> 도둑이 오는 것은 도둑질하고 죽이고 멸망시키려는 것뿐이요 내가 온 것은 양으로 생명을 얻게 하고 더 풍성히 얻게 하려는 것이라
> [요 10:10]
> 여호와의 말씀이니라 너희를 향한 나의 생각을 내가 아나니 평안이요 재앙이 아니니라 너희에게 미래와 희망을 주는 것이니라 너희가 내게 부르짖으며 내게 와서 기도하면 내가 너희들의 기도를 들을 것이요 [렘 29:11-12]
> 사랑하는 자여 네 영혼이 잘됨 같이 네가 범사에 잘되고 강건하기를 내가 간구하노라 [요삼 1:2]

2) 예수님께서 십자가에서 우리의 모든 저주를 담당하셨음

인간이 범죄함으로 하나님의 권세에서 마귀의 권세로 들어가 세 가지 죄로 인한 저주가 인간에게 임하게 되었습니다. 첫째는 죽음의 저주이며, 둘째는 환경의 저주이며, 셋째는 질병의 저주입니다. 마귀는 이 세 가지의 저주를 가지고 인간을 장악하여 이 세상에서 고통과 불행을 주며 죽은 후 영원한 지옥의 고통에 빠지게 하고 있습니다.

예수님께서 이 모든 저주를 십자가에서 모두 담당하시고, 믿는 자에게 이러한 저주에서 해방되어 이 세상에서 복되고 풍성한 삶을 살도록 하셨으며, 죽은 후 천국에서 완전한 행복을 누리도록 허락하셨습니다.

> 그는 실로 우리의 질고를 지고 우리의 슬픔을 당하였거늘 우리는 생각하기를 그는 징벌을 받아 하나님께 맞으며 고난을 당한다 하였노라 그가 찔림은 우리의 허물 때문이요 그가 상함은 우리의 죄악 때문이라 그가 징계를 받으므로 우리는 평화를 누리고 그가 채찍에 맞으므로 우리는 나음을 받았도다 우리는 다 양 같아서 그릇 행하여 각기 제 길로 갔거늘 여호와께서는 우리 모두의 죄악을 그에게 담당시키셨도다 [사 53:4-6]

> 그리스도께서 우리를 위하여 저주를 받은바 되사 율법의 저주에서 우리를 속량하셨으니 기록된바 나무에 달린 자마다 저주 아래에 있는 자라 하였음이라 [갈 3:13]

> 자녀들은 혈과 육에 속하였으매 그도 또한 같은 모양으로 혈과 육을 함께 지니심은 죽음을 통하여 죽음의 세력을 잡은 자 곧 마귀를

3. 회복의 계획

멸하시며 [히 2:14]
도둑이 오는 것은 도둑질하고 죽이고 멸망시키려는 것뿐이요…
[요 10:10]
또 왼편에 있는 자들에게 이르시되 저주를 받은 자들아 나를 떠나
마귀와 그 사자들을 위하여 예비된 영원한 불에 들어가라 [마 25:41]

    거듭난 성도가 구원과 저주에서 해방되었다 하더라도 이 세상에서 자동적으로 완전한 복을 누릴 수 있는 것은 아닙니다. 왜냐하면 인간은 여전히 타락된 욕망을 가지고 있으며 마귀는 성도들의 삶을 다시 파괴하기 위해서 지속적으로 활동을 하고 있기 때문입니다. 따라서 말씀과 성령 충만을 의지하여 더 철저히 믿고 순종하고 충성하고 기도하면, 그만큼 저주에서 실제적으로 벗어나 복되고 풍성한 삶을 누리게 될 것입니다.
    우리 민족이 과거 일본의 지배를 받을 때는 일본 사람들의 의지로 만든 법의 지배를 받으며 수탈을 당했으나 해방된 후로는 대한민국의 법의 지배를 받는 자유민이 된 것입니다. 그와 같이 성도가 과거에는 사탄의 권세 아래서 죄와 사망의 법에 지배를 받는 자들이었지만, 거듭난 후에는 하나님의 권세 아래로 돌아와 하나님의 법의 지배를 받는 자요 정죄에서 해방된 자들입니다. 자유민이 되었다고 저절로 자유와 행복이 보장되는 것이 아닙니다. 새로운 법을 잘 지키며 성실하게 살 때 참 자유와 행복을 누릴 수 있듯이, 거듭난 성도들은 하나님의 계명과 믿음의 법칙에 따라 진실하고 열심히 믿음생활

하는 만큼 복되고 풍성한 삶이 주어지는 것입니다.

그러나 신실한 성도에게도 고통스러운 환경과 질병이 있을 수가 있습니다. 그것은 하나님의 섭리 안에서 이루어진 시련입니다. 욥에게 하나님의 뜻 안에서 모진 시련이 있었고 사도들과 성도들에게도 많은 핍박이 있었습니다. 그것은 개인적으로나 시대적으로 하나님의 섭리가 있었기 때문이었습니다. 그러한 시련들은 성도의 유익을 위한 것이요 하나님의 영광을 나타내기 위한 것으로, 하나님의 허락하신 범위 안에서 마귀에게 허락된 것입니다. 따라서 성도는 이러한 시련이 있을 때에 낙심치 말고 하나님의 선하신 뜻과 자비로우심과 전능하심을 신뢰하고 의지하며 감사로서 인내해야 할 것입니다. 그러면 반드시 합력하여 선을 이루실 것입니다.

우리가 알거니와 하나님을 사랑하는 자 곧 그의 뜻대로 부르심을 입은 자들에게는 모든 것이 합력하여 선을 이루느니라 [롬 8:28]

(1) 죽음의 저주

여호와 하나님이 그 사람에게 명하여 이르시되 동산 각종 나무의 열매는 네가 임의로 먹되 선악을 알게 하는 나무의 열매는 먹지 말라 네가 먹는 날에는 반드시 죽으리라 하시니라 [창 2:16-17]

인간이 범죄함으로 영과 혼과 육이 죽게 되었습니다. 죽음이란,

3. 회복의 계획

분리입니다. 영적 죽음은 하나님의 영이 떠나 하나님과의 분리된 상태이며 육체적 죽음은 영혼이 육체를 떠나는 것이며 영원한 죽음은 지옥에서 하나님과 분리되어 영원히 지내는 것입니다. 이러한 죽음은 죄로 인해 저주받은 결과입니다. 예수님께서 이러한 죄의 저주를 담당하시고 죄의 용서를 통하여 영과 육을 모두 구원하실 것입니다.

> 그가 찔림은 우리의 허물 때문이요 그가 상함은 우리의 죄악 때문이라 [사 53:5]
>
> 자녀들은 혈과 육에 속하였으매 그도 또한 같은 모양으로 혈과 육을 함께 지니심은 죽음을 통하여 죽음의 세력을 잡은 자 곧 마귀를 멸하시며 또 죽기를 무서워하므로 한평생 매여 종노릇 하는 모든 자들을 놓아 주려 하심이니 [히 2:14-15]

예수님께서 십자가에서 죽으심으로 말미암아 인간의 모든 죄를 대속하셨습니다. 그러므로 예수를 믿고 거듭나게 되면 죄 용서함을 받아 영생을 얻게 됩니다. 따라서 인간은 예수께서 재림하실 때 부활하여 영광의 몸으로 변화되어 하나님과 함께 천국에서 영원히 살 것입니다. 이렇게 하여 죽음의 세력을 잡은 자 곧 마귀에게 매여 있는 자들을 해방시키시는 것입니다. 이것이 예수님께서 오신 가장 중요한 목적이며 성도들이 추구해야 할 가장 중요한 믿음의 목적입니다. 이 목적이 소홀히 되면서 물질적 형통함과 육체적 건강과 세속적 행복을 추구하는 믿음은 올바르지 않습니다. 이러한 믿음으로는 구원의 확증을 얻을 수 없으며, 천국에 들어갈 수 있다고 확신할 수 없습니다. 따라서 죄 용서함을 받아 구원을 받는 이 목적에 충실한 믿음을 갖도록 해야 할 것입니다.

(2) 환경의 저주

인간의 범죄로 인하여 땅이 저주를 받아 가시덤불과 엉겅퀴가 있는 고통스러운 환경으로 변하고 말았습니다. 이러한 환경에서 인간은 평생 수고하고 고통을 당하며 살아야 하는 운명에 처한 것입니다.

아담에게 이르시되 네가 네 아내의 말을 듣고 내가 네게 먹지 말라 한 나무의 열매를 먹었은즉 땅은 너로 말미암아 저주를 받고 너는 네 평생에 수고하여야 그 소산을 먹으리라 땅이 네게 가시덤불과 엉겅퀴를 낼 것이라 네가 먹을 것은 밭의 채소인즉 [창 3:17-18]

그러나 예수님께서 그러한 모든 것들을 담당하시고 고통을 당하신 것은 진실로 믿는 자에게 참 평안과 기쁨과 행복을 주시기 위함이며, 더 나아가 삶의 형통함도 허락하시기 위함입니다. 그러나 완전한 평안과 기쁨과 행복은 영원한 하늘나라에서 완성(이)될 것입니다.

그가 징계를 받으므로 우리는 평화를 누리고 [사 53:5]
우리 주 예수 그리스도의 은혜를 너희가 알거니와 부요하신 이로서 너희를 위하여 가난하게 되심은 그의 가난함으로 말미암아 너

3. 회복의 계획

희를 부요하게 하려 하심이라 [고후 8:9]

(3) 질병의 저주

범죄하기 전, 인간의 육체는 완전한 건강 상태에서 영원히 살 수 있었습니다. 그러나 범죄를 하게 됨으로 인간의 육체는 하나님이 허락하신 수명이 되면 죽게 되었고, 또, 질병으로 고통을 당하게 되었습니다. 그러나 하나님께서는 인간이 하나님을 믿고 하나님께서 허락하신 수명 동안 강건하고 행복한 삶을 누리며 하나님의 영광을 나타내시기를 원하십니다.

예수님께서도 이 세상에 오셔서 초자연적인 기사이적을 행하신 데 있어서 삼분의 이 이상이 귀신을 쫓아내고 병을 고치는 일을 하셨습니다. 이 세상의 모든 고통의 대부분은 탐욕 때문에 생긴 것이며 또 상대적 빈곤감·상대적 박탈감 등 비교의식에서 오는 상대적인 것으로 마음과 생각만 바꾸면 해결되는 것들입니다. 그러나 질병은 절대적 고통으로 인간을 가장 고통스럽게 하고 불행하게 하는 요인입니다. 예수님께서는 이러한 질병을 모두 십자가에서 다 담당하시고 믿는 자가 건강하도록 길을 여신 것입니다. 좀 더 범위를 넓혀 정신적 질병·가정의 질병 등도 치유해 주실 것입니다. 하나님은 하나님을 진실하게 믿고 순종하며 건강한 삶을 간절히 구하는 성도에게 구하는 바를 허락하실 것입니다.

그는 실로 우리의 질고를 지고 우리의 슬픔을 당하였거늘 [사 53:4]

그가 채찍에 맞으므로 우리는 나음을 받았도다 [사 53:5]

친히 나무에 달려 그 몸으로 우리 죄를 담당하셨으니 이는 우리로 죄에 대하여 죽고 의에 대하여 살게 하려 하심이라 그가 채찍에 맞음으로 너희는 나음을 얻었나니 [벧전 2:24]

저물매 사람들이 귀신 들린 자를 많이 데리고 예수께 오거늘 예수께서 말씀으로 귀신들을 쫓아내시고 병든 자들을 다 고치시니 이는 선지자 이사야를 통하여 하신 말씀에 우리의 연약한 것을 친히 담당하시고 병을 짊어지셨도다 함을 이루려 하심이더라 [마 8:16-17]

이르시되 너희가 너희 하나님 나 여호와의 말을 들어 순종하고 내가 보기에 의를 행하며 내 계명에 귀를 기울이며 내 모든 규례를 지키면 내가 애굽 사람에게 내린 모든 질병 중 하나도 너희에게 내리지 아니하리니 나는 너희를 치료하는 여호와임이라 [출 15:26]

3) 풍성한 삶을 회복하려면

(1) 말씀이 풍성히 거하도록 해야 합니다

하나님의 말씀은 믿는 자의 영적 생명을 풍성하게 하는 생명의 양식입니다. 따라서 말씀을 많이 듣고 보고 배우도록 노력할 때, 그 말씀이 살아 역사하여 복된 삶으로 인도를 할 것입니다. 말씀을 풍성히 쌓기 위해서 정기적인 예배나 성경공부에 열심히 참석하도록 해야 할 것이며, 가정예배와 성경읽기를 충실히 하도록 노력해야 할 것입니다.

3. 회복의 계획

> 그리스도의 말씀이 너희 속에 풍성히 거하여 모든 지혜로 피차 가르치며 권면하고 시와 찬송과 신령한 노래를 부르며 감사하는 마음으로 하나님을 찬양하고 [골 3:16]

(2) 그리스도의 사랑을 깊이 깨달아야 합니다

말씀의 핵심은 예수 그리스도입니다. 예수 그리스도와 십자가에 못 박히신 그분의 은혜와 사랑을 더 깊이 깨닫도록 해야 할 것입니다. 예수 그리스도의 십자가 안에는 하나님의 모든 지혜와 은혜와 부요가 숨겨져 있습니다. 무궁무진하게 숨겨진 보화창고라고 말할 수 있습니다.

> 능히 모든 성도와 함께 지식에 넘치는 그리스도의 사랑을 알고 그 너비와 길이와 높이와 깊이가 어떠함을 깨달아 하나님의 모든 충만하신 것으로 너희에게 충만하게 하시기를 구하노라 [엡 3:18-19]
>
> 내가 너희 중에서 예수 그리스도와 그가 십자가에 못 박히신 것 외에는 아무 것도 알지 아니하기로 작정하였음이라 [고전 2:1]
>
> 이는 그들로 마음에 위안을 받고 사랑 안에서 연합하여 확실한 이해의 모든 풍성함과 하나님의 비밀인 그리스도를 깨닫게 하려 함이니 그 안에는 지혜와 지식의 모든 보화가 감추어져 있느니라 [골 2:2-3]

(3) 진정으로 용서하고 화목해야 합니다

예수 그리스도의 십자가 사랑의 핵심은 죄인에 대한 용서입니다.

예수 그리스도의 십자가의 사랑을 아는 성도는 자신에게 고통과 손해를 끼친 사람을 진정으로 불쌍히 여기고 용서하며 화목할 수 있는 것입니다. 그리스도의 십자가의 사랑을 생각하며 용서하고 화목하는 것은 진정으로 자신을 사랑하는 것이며, 행복을 회복하는 가장 확실한 길입니다. 미움과 원망은 마귀가 인간을 불행하게 하는 가장 보편적인 수단임을 알아야 합니다. 마귀의 이러한 간계에 넘어가 행복을 상실하고 살아가는 어리석은 사람들이 얼마나 많습니까? 특히 부부간의 행복과 가정의 행복을 위해서는 허물과 부족함을 진정으로 불쌍히 여기고 용서하고 더 나아가 사랑하고 축복하는 데까지 이르러야 할 것입니다. 나에게 고통을 주고 심각한 손해를 끼친 사람을 용서하고 사랑하고 축복하는 것은 너무나도 어려운 일입니다. 그러나 예수 그리스도의 십자가 사랑을 생각하며 실천할 수 있다면 하나님은 그 성도에게 놀라운 은혜를 주실 것이며 복되고 풍성한 삶을 누릴 수 있게 하실 것입니다.

> 또 네 이웃을 사랑하고 네 원수를 미워하라 하였다는 것을 너희가 들었으나 나는 너희에게 이르노니 너희 원수를 사랑하며 너희를 박해하는 자를 위하여 기도하라 [마 5:43-44]

(4) 힘써 일하고 주어진 결과에 만족하고 감사해야 합니다
하나님을 믿는 성도들은 누구 못지않게 성실하게 일을 해야 하는 사람들입니다. 열심히 일할 수 있다는 것 자체가 참된 행복입니다.

3. 회복의 계획

에덴동산에서도 하나님은 아담과 하와에게 열심히 일하도록 하셨습니다. 열심히 일하되 반드시 안식일을 기억하여 지키라고 말하고 있습니다. 여기에 참된 영육 간의 복이 있다는 말씀입니다.

> 안식일을 기억하여 거룩하게 지키라 엿새 동안은 힘써 네 모든 일을 행할 것이나 [출 20:8-9]
> 눈물을 흘리며 씨를 뿌리는 자는 기쁨으로 거두리로다 울며 씨를 뿌리러 나가는 자는 반드시 기쁨으로 그 곡식 단을 가지고 돌아오리로다 [시 126:5-6]

그리고 주어진 환경과 결과에 만족하고 감사하게 누리며 살아야 합니다. 행복은 소유에 있는 것이 아니라 만족하고 감사하는 데 있습니다. 소유에 행복의 가치를 두고 사는 사람은 자칫 과욕 때문에 건강을 해치거나, 잘못된 판단을 하여 고통과 불행을 자초하는 경우가 많습니다.

> 그러나 자족하는 마음이 있으면 경건은 큰 이익이 되느니라 우리가 세상에 아무 것도 가지고 온 것이 없으매 또한 아무 것도 가지고 가지 못하리니 우리가 먹을 것과 입을 것이 있은즉 족한 줄로 알 것이니라 부하려 하는 자들은 시험과 올무와 여러 가지 어리석고 해로운 욕심에 떨어지나니 곧 사람으로 파멸과 멸망에 빠지게 하는 것이라 돈을 사랑함이 일만 악의 뿌리가 되나니 이것을 탐내는 자들

은 미혹을 받아 믿음에서 떠나 많은 근심으로써 자기를 찔렀도다

[딤전 6:6-10]

(5) 봉사와 섬김에 열심이어야 합니다

진정한 행복이란, 남을 유익하게 해 주고 행복을 증진하도록 기꺼이 도우며 더 나아가 자신을 희생할 줄 아는 데서 오는 것입니다. 부부간, 가족 간, 교우 간, 기타 인간관계에 있어서 이타적인 봉사와 섬김을 통해서 행복이 더욱 풍성하게 되는 것입니다. 예수 그리스도께서 하늘 보좌를 떠나서 죄악된 세상에 오셔서 진정으로 섬기셨고 십자가에서 희생하셨기 때문에, 온 인류가 구원을 받을 수 있게 되었고 복된 삶을 누리게 되었으며, 또한 부활 승천하셔서 가장 뛰어난 이름을 가지고 모든 존재하는 것들의 경배와 찬양을 받으시게 된 것입니다.

인자가 온 것은 섬김을 받으려 함이 아니라 도리어 섬기려 하고 자기 목숨을 많은 사람의 대속물로 주려 함이니라 [마 20:28]
이러므로 하나님이 그를 지극히 높여 모든 이름 위에 뛰어난 이름을 주사 하늘에 있는 자들과 땅에 있는 자들과 땅 아래에 있는 자들로 모든 무릎을 예수의 이름에 꿇게 하시고 모든 입으로 예수 그리스도를 주라 시인하여 하나님 아버지께 영광을 돌리게 하셨느니라

[빌 2:9-11]

(6) 간절히 기도해야 합니다

믿음생활의 가장 중요한 두 요소는 말씀을 사모하는 것과 기도하는 것입니다. 기도는 성령 충만을 받게 하며 하나님의 뜻을 깨닫고 응답을 받게 하는 가장 효과적인 방법입니다. 하나님은 진심으로 간절히 기도하는 성도를 기뻐하시고 풍성하게 응답해 주시는 좋으신 하나님이십니다.

> 구하라 그리하면 너희에게 주실 것이요 찾으라 그리하면 찾아낼 것이요 문을 두드리라 그리하면 너희에게 열릴 것이니 구하는 이마다 받을 것이요 찾는 이는 찾아낼 것이요 두드리는 이에게는 열릴 것이니라 [마 7:7-8]
>
> 주 안에서 항상 기뻐하라 내가 다시 말하노니 기뻐하라 너희 관용을 모든 사람에게 알게 하라 주께서 가까우시니라 아무 것도 염려하지 말고 다만 모든 일에 기도와 간구로, 너희 구할 것을 감사함으로 하나님께 아뢰라 그리하면 모든 지각에 뛰어난 하나님의 평강이 그리스도 예수 안에서 너희 마음과 생각을 지키시리라 [빌 4:4-7]

(7) 풍성한 물질 축복을 받는 비결은 십일조입니다

십일조는 물질에 대한 하나님의 주권을 인정하는 믿음입니다. 또, 물질의 종이 아니요 하나님의 자녀임을 실질적으로 고백하는 구체적인 표현입니다. 그리고 자신에게 주어진 모든 소유가 하나님으로부터 와서 누리게 된다는 것에 대한 감사의 표현인 것입니다. 인색한 마음이 아니라 믿음과 즐거움과 감사의 마음으로 바칠 때 하나님 앞에서 그 가치는 더욱 클 것이며 복도 그만큼 더 받게 될 것입니다.

> 만군의 여호와가 이르노라 너희의 온전한 십일조를 창고에 들여 나의 집에 양식이 있게 하고 그것으로 나를 시험하여 내가 하늘 문을 열고 너희에게 복을 쌓을 곳이 없도록 붓지 아니하나 보라
> [말 3:10]
> 각각 그 마음에 정한 대로 할 것이요 인색함으로나 억지로 하지 말지니 하나님은 즐겨 내는 자를 사랑하시느니라 [고후 9:7]

예수님께서도 십일조를 바칠 것을 말씀하셨습니다(마23:23, 22:21). 만일 십일조를 드리지 않는다면 하나님은 다른 방법으로 반드시 거두실 것이며 복되고 풍성한 삶을 누리지 못할 것입니다.

4. 낙원과 음부(스올)

낙원과 음부는 천국과 지옥을 가기 전 즉, 아직 심판을 받기 전의 중간 단계로서 일종의 대기 장소입니다. 구원받은 성도는 죽은 후 그 영혼이 낙원에서 즐겁게 쉬게 되며, 재림 때 부활한 육체와 결합하여 영광의 몸으로 변화되어 영원한 천국으로 들어가 영생복락을 누리게 됩니다(참고 요5:29, 살전4:13-17, 빌3:21). 구원받지 못한 사

3. 회복의 계획

람들은 죽은 후 음부에서 그 영혼이 불안하고 고통스럽게 지내다 예수 재림 때 동일하게 부활·변화되어 형벌의 심판을 받아 지옥에 들어가 영원한 형벌을 받게 됩니다(살후1:7-9).

1) 낙원

예수께서 이르시되 내가 진실로 네게 이르노니 오늘 네가 나와 함께 낙원에 있으리라 하시니라 [눅 23:43]
그가 낙원으로 이끌려 가서 말로 표현할 수 없는 말을 들었으니 사람이 가히 이르지 못할 말이로다 [고후 12:4]

2) 스올(음부)

그가 음부에서 고통 중에 눈을 들어 멀리 아브라함과 그의 품에 있는 나사로를 보고 [눅 16:23]

영계의 일에 대해서는 물질적인 관념을 가지고는 도저히 이해할 수도 없고 인간의 언어로는 표현할 길이 없습니다. 다만 성경에서는 인간이 이해될 수 있도록 물질적인 것으로 비유를 들어 설명하고 보여주는 경우가 있습니다. 천국이나 지옥의 광경, 낙원이나 음부(스올)의 광경 등이 그것입니다. 본문에서 부자가 음부에서 '불꽃 가운데서 고민하나이다'라고 한 것은 진짜 불꽃이 아니라 엄청난 고통 가운데 있다는 것을 비유적으로 보여주는 것입니다. 음부는 대기 장소이기 때문에 형벌은 아직 있지 않습니다. 그러나 지옥에 갈 것이 확정된 상태이기 때문에 엄청난 심적 불안과 고통 속에 있는 것입니다. 이러한 심적 불안과 고통을 '불꽃 중에'라고 표현한 것입니다.

07

> 이 하나님의 권세가 영적 에덴이며, 이 땅에 건설될 하나님의 나라이며, 천년 왕국이며; 새 예루살렘이며, 교회입니다. 교회는 영적으로 영광스러운 장소입니다

하나님의 권세인 영적 에덴 즉, 교회에 관해서는 교회론에서 자세히 상고하겠습니다.

구원의 유지

1. 성도는 거듭남으로 얻어진 의와 구원을 유지해야 합니다. 구원받는 것도 중요하지만 영원한 천국에 가기까지 구원을 유지하는 것은 더욱 중요합니다.
2. 구원을 유지하기 위해서는
   첫째, 영적 에덴인 교회를 떠나 믿음을 상실하면 안 됩니다. 왜냐하면 교회에서 개인의 구원이 이루어지기 때문입니다.
   둘째, 생명의 성령의 법에 따라 살아야 합니다. 생명의 성령의 법이란 '십계명을 굳게 세우고 지키기 위하여 힘써야 하며, 십계명을 통하여 깨닫게 되는 자신의 죄인 됨과 지은 죄들과 심지어 깨닫지 못한 죄까지도 예수 그리스도의 십자가를 의지하여 자백하고 회개하여 지속적으로 죄 용서함의 은혜를 누리는 것'입니다. 이 지속적인 죄 사함이 은혜 중의 가장 큰 은혜입니다.
3. 영적 에덴에서 선악을 알게 하는 나무의 열매는 십계명이며 생명나무는 예수 그리스도입니다. 육적 에덴에서는 하나님의 계명을 범하면 죄 사함의 길이 없어 쫓겨날 수밖에 없지만 영적 에덴에서는 십자가를 통하여 죄 사함의 길이 열려 있으므로 지속적으로 머물러 있을 수 있습니다. 그러므로 영적 에덴에 있는 사람은 육적 에덴에 있는 사람보다 훨씬 더 축복된 상태에 있다고 할 수 있습니다.

제2편
본론

01

영적 에덴인 교회에서 거듭남으로 얻어진 의와 구원을 유지해야 합니다

구원받는 것도 중요하지만 영원한 천국에 가기까지 구원을 유지하는 것은 더욱 중요합니다. 구원의 유지라는 말을 단지 '적당히 믿음생활을 해도 된다, 나태하게 믿음생활을 해도 구원받을 수 있다'라는 말로 오해해서는 절대 안 됩니다. 거듭나 받은 구원을 유지하기 위해서는 구원의 원리에 따라 신실하게 믿음생활을 해야 하는 것입니다.

그러므로 나의 사랑하는 자들아 너희가 나 있을 때 뿐 아니라 더욱 지금 나 없을 때에도 항상 복종하여 두렵고 떨림으로 너희 구원을 이루라 [빌 2:12]

내가 이미 얻었다 함도 아니요 온전히 이루었다 함도 아니라 오직 내가 그리스도 예수께 잡힌 바 된 그것을 잡으려고 달려가노라 형제들아 나는 아직 내가 잡은 줄로 여기지 아니하고 오직 한 일 즉 뒤에 있는 것은 잊어버리고 앞에 있는 것을 잡으려고 푯대를 향하여 그리스도 예수 안에서 하나님이 위에서 부르신 부름의 상을 위하여 달려가노라 [빌 3:12-14]

침례 요한의 때부터 지금까지 천국은 침노를 당하나니 침노하는 자는 빼앗느니라 [마 11:12]

4. 구원의 유지

> 내가 내 몸을 쳐 복종하게 함은 내가 남에게 전파한 후에 자신이 도리어 버림을 당할까 두려워함이로다 [고전 9:27]

거듭난 성도는 법적으로 의·거룩함·영화로움·영원한 생명·하나님 자녀 등의 완전한 신분 등을 이미 받았습니다. 하나님은 성도가 비록 부족하지만 완전하게 보아 주십니다. 법적으로는 완전한 신분을 얻은 것이지만, 실제적으로는 불완전하므로 그 받은바 완전한 신분은 신앙생활 속에서 이루어 가야 할 목표가 되는 것입니다. 이러한 완전한 신분에 합당하도록 힘써야 합니다. 이러한 완전한 신분은 영원한 하늘나라에서 최종적으로 완성이 될 것입니다.

> 너희 중에 이와 같은 자들이 있더니 주 예수 그리스도의 이름과 우리 하나님의 성령 안에서 씻음과 거룩함과 의롭다 하심을 받았느니라 [고전 6:11]
> 또 미리 정하신 그들을 또한 부르시고 부르신 그들을 또한 의롭다 하시고 의롭다 하신 그들을 또한 영화롭게 하셨느니라 [롬 8:30]
> 또 증거는 이것이니 하나님이 우리에게 영생을 주신 것과 이 생명이 그의 아들 안에 있는 그것이니라 아들이 있는 자에게는 생명이 있고 하나님의 아들이 없는 자에게는 생명이 없느니라 내가 하나님의 아들의 이름을 믿는 너희에게 이것을 쓰는 것은 너희로 하여금 너희에게 영생이 있음을 알게 하려 함이라 그를 향하여 우리가 가진 바 담대함이 이것이니 그의 뜻대로 무엇을 구하면 들으심

제2편
본 론

이라 [요일 5:11-14]

    이렇게 법적으로 받은 완전한 신분을 포괄적으로 구원받았다고 말을 합니다(유1:3, 엡2:5, 막16:16). 성도는 그가 깨달았든지 그렇지 못했든지 간에 거듭남으로 값없이 이러한 엄청난 영적 보화들을 받았습니다. 그러므로 성도는 거듭남으로 값없이 얻은 이 구원이 얼마나 귀한 것인지를 알고 이 구원을 두렵고 떨림으로 지키고 유지해 나가야 하는 것은 당연한 일입니다. 만일 어떤 사람이 수천억 원짜리 보물을 몸에 품고 있다면 잃어버릴까 얼마나 두렵고 떨릴 것이며 이를 지키기 위해 얼마나 조심하겠습니까? 구원을 이것에 비교할 수 있겠습니까?

    성경은 비록 구원받은 사람이라 하더라도, 믿음으로 말씀의 교훈 안에서 끝까지 자신의 구원을 지키고 유지하여 영원한 천국에 들어가야 한다고 말합니다.

    그러므로 우리는 두려워할지니 그의 안식에 들어갈 약속이 남아 있을지라도 너희 중에는 혹 이르지 못할 자가 있을까 함이라 그런즉 안식할 때가 하나님의 백성에게 남아 있도다 그러므로 우리가 저 안식에 들어가기를 힘쓸지니 이는 누구든지 저 순종하지 아니하는 본에 빠지지 않게 하려 함이라 [히 4:1,9,11]

4. 구원의 유지

첫째로, 영적 에덴인 교회를 떠나 믿음을 상실하면 안 됩니다. 왜냐하면 교회에서 개인의 구원이 이루어지기 때문입니다

1. 교회를 통해 구원을 받음

1) 교회는 구원의 방주

홍수로 온 인류가 멸망을 당할 때 방주에 들어간 노아 여덟 식구와 동물들만이 방주에서 구원을 받습니다(참고, 창6-8장). 교회는 구원의 방주입니다. 그러므로 교회에 들어온 성도만이 심판 때에 구원을 받습니다. 교회에 들어온다는 것은 예수님을 믿고 거듭나 교회에서 신실하게 믿음생활을 하는 것을 뜻합니다.

그들은 전에 노아의 날 방주를 준비할 동안 하나님이 오래 참고 기다리실 때에 복종하지 아니하던 자들이라 방주에서 물로 말미암아 구원을 얻은 자가 몇 명뿐이니 겨우 여덟 명이라 물은 예수 그리스도께서 부활하심으로 말미암아 이제 너희를 구원하는 표니 곧 침례라 이는 육체의 더러운 것을 제하여 버림이 아니요 하나님을 향한 선한 양심의 간구니라 [벧전 3:20,21]

2) 교회는 예수님의 몸

예수님은 참 포도나무이며, 신도는 가지입니다. 교회는 예수님의

몸입니다. 그러므로 가지가 포도나무 줄기에서 떨어져 나가면 말라 죽듯이 성도가 교회를 떠나면 죽게 됩니다(참고, 요15:1-9).

> 교회는 그의 몸이니 만물 안에서 만물을 충만하게 하시는 이의 충만함이니라 [엡 1:23]
> 우리는 그 몸의 지체임이라 [엡 5:30]
> 사람이 내 안에 거하지 아니하면 가지처럼 밖에 버려져 마르나니 사람들이 그것을 모아다가 불에 던져 사르느니라 [요 15:6]

2. 믿음을 버리면 구원을 상실함

예수님이 '나의 주, 나의 하나님'이시라는 믿음이 기초가 되지 않으면 아무리 교회를 열심히 나오고 선하게 산다 하더라도 구원을 받을 수가 없습니다. 구원은 예수 그리스도의 십자가 은혜 안에서 오직 믿음으로 받고 믿음으로 유지되고 믿음으로 완성될 수 있습니다. 아무리 좋은 전기 제품이 있다 하더라도 전기가 단절되었다면 아무 소용이 없듯이 믿음을 상실하면 구원을 상실하게 됩니다.

> 복음에는 하나님의 의가 나타나서 믿음으로 믿음에 이르게 하나니 기록된 바 오직 의인은 믿음으로 말미암아 살리라 함과 같으니라
> [롬 1:17]

3. 교회를 통한 개인의 구원

마치 노아의 방주 밖에서 구원이 없었듯이 교회를 떠나서는 구원이 보장될 수 없습니다. 구원은 교회를 통해서 받습니다. 그렇다고 교회만 다니면 무조건 모두 구원을 받는 것은 아닙니다. 교회를 다녀도 구원받을 자가 있고 받지 못할 자가 있습니다. 교회 안에서 바른 믿음을 가지고 믿음생활을 할 때 개인이 구원을 받습니다(마 24:40-41). 사도들이 믿고 전해 준 원형의 구원복음을 따라 믿는 성도는 구원을 받을 것이지만 그러한 믿음을 갖지 않았거나 변질된 믿음을 갖고 믿음생활을 한다면 설혹 교회를 다닌다 하더라도 이것은 방주 밖에 있는 것이 됩니다. 따라서 잘못된 믿음을 가진 자들은 구원을 받을 수 없습니다.

> 둘째로, 생명의 성령의 법에 따라 살아야 합니다. 생명의 성령의 법이란 '십계명을 굳게 세우고 지키기 위하여 힘써야 하며, 십계명을 통하여 깨닫게 되는 자신의 죄인 됨과 지은 죄들과 심지어 깨닫지 못한 죄까지도 예수 그리스도의 십자가를 의지하여 자백하고 회개하여 지속적으로 죄 용서함의 은혜를 누리는 것'입니다. 이 지속적인 죄 사함이 은혜 중의 가장 큰 은혜입니다.

제2편
본 론

> 그러므로 이제 그리스도 예수 안에 있는 자에게는 결코 정죄함이 없나니 이는 그리스도 예수 안에 있는 생명의 성령의 법이 죄와 사망의 법에서 너를 해방하였음이라 [롬 8:1-2]

생명의 성령의 법이란 로마서의 핵심주제이며 복음 중의 복음입니다. 생명의 성령의 법은 생명을 주는 성령의 원리로써 십계명과 십자가를 통한 죄 사함의 원리입니다. 생명의 성령의 법을 바로 알고 정확하게 믿음생활을 하는 것은 구원의 유지를 위해 가장 중요합니다.

십계명을 지키는 것과 십자가의 은혜를 의지하여 죄를 자백하고 회개하는 것은 구원을 유지하는 데 동전의 양면과도 같으며 열차의 두 레일과 같이 떼어놓고는 생각할 수 없는 것입니다. 십계명의 지킴이 없는 자백과 회개는 죽은 회개요, 자백과 회개 없는 십계명의 지킴은 무의미한 노력일 뿐입니다. 이 둘은 서로 보완해서 은혜를 더욱 은혜 되게 하며, 양심의 평안과 참된 성결을 이루도록 하는 것입니다. '오직 은혜, 오직 믿음'으로 구원을 얻는 참된 방법이며, 바울 사도가 계시로 깨달은 위대한 진리입니다(갈1:11-12).

1. 십계명을 지킴

십계명은 하나님과 인간, 인간과 인간 사이의 완전한 법이며 의입니다. 성경에 있는 모든 도덕과 윤리는 십계명에서 파생되었습니다.

4. 구원의 유지

이것은 하나님과 사람을 사랑하는 사랑의 계명이며 방법입니다. 십계명은 모든 선한 행위의 대표이며 하나님이 성도들에게 요구하시는 행위의 목표입니다. 예수님은 십계명을 종합하여 하나님을 사랑하고 사람을 사랑하는 계명이라고 하셨습니다. 제1계명에서부터 제4계명까지는 하나님을 사랑하는 계명이며, 제5계명부터 제10계명까지는 사람을 사랑하는 계명입니다.

> 예수께서 이르시되 네 마음을 다하고 목숨을 다하고 뜻을 다하여 주 너의 하나님을 사랑하라 하셨으니 이것이 크고 첫째 되는 계명이요 둘째도 그와 같으니 네 이웃을 네 자신 같이 사랑하라 하셨으니 이 두 계명이 온 율법과 선지자의 강령이니라 [마 22:37-39]

따라서, 십계명을 믿음으로 받아들이는 사람에게 선한 양심을 회복시켜 죄가 무엇인지를 알게 합니다. 로마서에서의 율법은 십계명을 말씀하고 있습니다.

> 그러므로 율법의 행위로 그의 앞에 의롭다 하심을 얻을 육체가 없나니 율법으로는 죄를 깨달음이니라 [롬 3:20]
> 그런즉 우리가 무슨 말을 하리요 율법이 죄냐 그럴 수 없느니라 율법으로 말미암지 않고는 내가 죄를 알지 못하였으니 곧 율법이 탐내지 말라 하지 아니하였더라면 내가 탐심을 알지 못하였으리라 [롬 7:7]

> 그런즉 선한 것이 내게 사망이 되었느냐 그럴 수 없느니라 오직 죄가 죄로 드러나기 위하여 선한 그것으로 말미암아 나를 죽게 만들었으니 이는 계명으로 말미암아 죄로 심히 죄 되게 하려 함이라
>
> [롬 7:13]

본래 원칙적으로는 인간이 십계명을 완전히 지켜야 구원을 얻을 수가 있습니다.

> 모세가 기록하되 율법으로 말미암는 의를 행하는 사람은 그 의로 살리라 하였거니와 [롬 10:5]

그러나 인간이 타락하여 선을 행할 능력을 상실하여 죄를 짓지 않을 수 없기 때문에, 십계명을 통해서 의에 이르러 구원받지 못할 뿐 아니라 오히려 십계명에 의해 정죄되어 심판과 형벌을 받게 됩니다.

> 다 치우쳐 함께 무익하게 되고 선을 행하는 자는 없나니 하나도 없도다 [롬 3:12]
> 율법은 진노를 이루게 하나니 율법이 없는 곳에는 범법도 없느니라
> [롬 4:15]

그러나 예수 그리스도를 믿고 침례를 받으면 값없이 의롭다 함을 받아 십계명의 정죄와 심판에서 벗어나 구원을 얻게 됩니다. 즉, 영

4. 구원의 유지

원한 형벌에서 벗어나 영원한 천국에 들어갈 수 있는 자격을 얻는 것입니다.

구원을 받은 성도는 영원한 천국에 들어가기 위해서 십계명을 굳게 세우고 지속적으로 지키는 것이 중요하다고 성경은 말하고 있습니다.

> 그런즉 우리가 믿음으로 말미암아 율법을 파기하느냐 그럴 수 없느니라 도리어 율법을 굳게 세우느니라 [롬 3:31]
> 할례 받는 것도 아무 것도 아니요 할례 받지 아니하는 것도 아무 것도 아니로되 오직 하나님의 계명을 지킬 따름이니라 [고전 7:19]

이미 언급했듯이 로마서에서 말하는 율법은 십계명의 율법을 말씀하고 있습니다. 바울 사도는, 인간이 십계명의 율법을 지켜서는 절대 의를 이룰 수 없고 구원을 받을 수 없다고 말하고 있습니다. 오직 예수 그리스도를 믿는 믿음을 통하여 의롭다 함을 얻어 구원을 받을 수 있다는 것입니다. 따라서 십계명의 율법이나 모세의 율법은 구원을 받아야 하는 데 있어서는 폐하여진 것입니다. 그러나 바울 사도는, 거듭나 구원을 받은 성도들이 십계명의 율법을 굳게 세워야 하고 이를 지켜야 한다고 말하고 있습니다. 그 이유가 무엇일까요?

이 말은 예수를 믿고 거듭난 이후 단순히 의와 구원을 십계명의 행위로 유지하거나 이룰 수 있다는 것이 아닙니다. 만일 다시 율법의 행위로 구원을 유지해야 한다면 어떤 사람도 구원을 받을 수 없을 것입니다. 그러나 십계명은 뒤에서 설명하게 될 십자가를 통한 죄의 자백과의 관계 속에서 구원의 유지에 필수 불가결한 부분인 것입니다. 그러므로 바울 사도는 거듭난 성도들은 반드시 십계명을 굳게 세우고 지켜야 한다고 말하고 있습니다(롬3:31; 고전7:19).

2. 자백과 회개를 통한 지속적인 죄 사함

구원받는 일과, 받은 구원을 유지하는 데 있어서 가장 중요한 것은 그리스도를 믿는 믿음 안에서의 죄 사함에 있습니다. 죄 사함 없이는 어떠한 선한 행위도, 인간적인 노력이나 방법도 소용이 없습니다. 죄 사함을 받을 수 있을 때 비로소 선한 행위가 하나님 앞에 인정을 받게 됩니다. 지속적인 죄 사함을 위해서는 예수께서 십자가에서 우리의 죄를 대속해 놓으셨다는 것을 확신하고 죄를 정직하게 자백하고 회개를 해야 합니다.

자백이란 십계명을 통하여 깨닫게 된 죄를 하나님과 예수 그리스도의 십자가 앞에 정직하게 인정하는 것이며, 회개란 자백한 죄를 다시 짓지 아니하려는 의지와 노력을 말합니다. 회개는 자백보다 더 포괄적인 의미를 가지고 있습니다.

따라서 거듭난 성도는 예수 그리스도 안에 있는 이러한 원리에 따른 믿음을 가지고 살 때 결코 정죄함이 없는 것입니다. 이것은 놀라운 비밀입니다.

4. 구원의 유지

그러므로 이제 그리스도 예수 안에 있는 자에게는 결코 정죄함이 없나니 이는 그리스도 예수 안에 있는 생명의 성령의 법이 죄와 사망의 법에서 너를 해방하였음이라 [롬 8:1,2]

여기서 생명의 성령의 법이란, 생명을 주는 성령의 원리라고 말할 수 있습니다. 이 원리를 간단히 요약하면 예수를 믿고 물과 성령으로 거듭난 성도들이 십계명을 굳게 세우고 지키기를 힘쓰면서 깨닫게 된 죄와 자신의 죄인 됨과 모르는 죄들을 십자가의 은혜를 의지하여 자백하고 회개하므로 지속적으로 죄 사함의 은혜를 누리는 것을 말합니다.

만일 우리가 우리 죄를 자백하면 그는 미쁘시고 의로우사 우리 죄를 사하시며 우리를 모든 불의에서 깨끗하게 하실 것이요 [요일 1:9]

성령의 도우심 아래서 십계명을 지키려는 노력과 십계명을 범한 죄를 두렵게 알고 하는 진실한 자백과 회개가 반복되고 지속되면 이 일이 습관화되고 인격화됩니다. 이렇게 될 때 죄를 싫어하는 일, 십계명을 지키는 일, 말씀을 순종하는 것이 자연스러워지고 참 자유를 누리는 복되고 풍성한 그리스도인의 삶을 살 수 있습니다. 그리고 실제적인 성화를 이루어 갈 것이며 그리스도의 장성한 분량에까지 이르게 될 것입니다.

제2편
본론

우리가 다 하나님의 아들을 믿는 것과 아는 일에 하나가 되어 온전한 사람을 이루어 그리스도의 장성한 분량이 충만한 데까지 이르리니 [엡 4:13]

여기에 이르기까지는 많은 기도, 행함을 위한 노력, 말씀의 깨달음, 그리고 죄의 유혹과의 처절한 싸움이 있어야 합니다.

너희가 죄와 싸우되 아직 피흘리기까지는 대항하지 아니하고
[히 12:4]

1) 깨닫는 죄에 대한 자백

죄가 용서되어 지속적인 죄 사함의 은혜를 체험하고 누리려면 먼저 계명을 통해 깨닫게 되는 죄들을 하나님 앞에 정직하게 자백하고 회개하도록 하여야 합니다.

그가 빛 가운데 계신 것 같이 우리도 빛 가운데 행하면 우리가 서로 사귐이 있고 그 아들 예수의 피가 우리를 모든 죄에서 깨끗하게 하실 것이요 만일 우리가 죄가 없다고 말하면 스스로 속이고 또 진리가 우리 속에 있지 아니할 것이요 만일 우리가 우리 죄를 자백하면 그는 미쁘시고 의로우사 우리 죄를 사하시며 우리를 모든 불의에서 깨끗하게 하실 것이요 [요일 1:7-9]

4. 구원의 유지

2) 깨닫지 못한 죄에 대한 자백

사람은 깨닫는 죄보다 깨닫지 못하는 죄가 훨씬 많을 수 있습니다. 이러한 죄들이 해결되지 않는다면 역시 구원을 유지할 수 없습니다. 그러므로 깨닫지 못한 죄가 많이 있음을 진실로 고백하고 이러한 죄를 더 많이 깨달아 죄에서 돌이키는 생활을 하려는 간절한 소원이 있어야 할 것입니다. 하나님의 성도의 그러한 진정한 소원을 보시고 깨닫지 못한 죄에 대한 자백을 받아 주십니다.

자기 허물을 능히 깨달을 자 누구리요 나를 숨은 허물에서 벗어나게 하소서 [시 19:12]

3) 죄인 됨에 대한 자백

세리는 멀리 서서 감히 눈을 들어 하늘을 쳐다보지도 못하고 다만 가슴을 치며 이르되 하나님이여 불쌍히 여기소서 나는 죄인이로소이다 하였느니라 내가 너희에게 이르노니 이에 저 바리새인이 아니고 이 사람이 의롭다 하심을 받고 그의 집으로 내려갔느니라 무릇 자기를 높이는 자는 낮아지고 자기를 낮추는 자는 높아지리라 하시니라 [눅 18:13-14]

세리는 자신의 죄를 하나하나 고백하지 않고 '나는 죄인이로소이다'라고만 고백했지만 의롭다 함을 받았습니다. 따라서 깨달은 죄와 깨닫지 못한 죄에 대한 진실한 자백의 바탕 위에 자신의 죄인 됨을 인정하고 고백하면 죄 용서의 은총 속에서 양심의 평안을 누리며 살 수 있습니다. 우리의 죄가 그리스도 안에서 완전히 해결되었다는 확신, 그리스도 안에서 결코 정죄함이 없다는 환희에 찬 고백, 양심의 평안, 죄책과 정죄 의식으로부터의 자유! 이것은 참으로 놀라운 비밀이며 은혜 위에 은혜입니다. 이 비밀과 은혜는 계명을 굳게 세우고 지키기 위해 힘쓸 때 자신의 죄와 죄인 됨을 깨닫고 진실된 고백을 할 수 있는 자만이 더 깊이 더 절실히 체험하게 되는 것입니다. 지은 죄와 죄인 됨의 깨달음의 깊이만큼 십자가의 은혜가 더욱 위대해지고 죄 사함 받음의 감격이 커집니다(롬5:20). 그리고 더욱 죄를 떠난 생활을 할 것이며 더욱 성결하게 될 것입니다. 십계명을 지키려는 노력을 통하여 바울 사도는 그가 얼마나 큰 죄인인가를 깨닫게 됨으로 죄 용서함의 감격을 그만큼 더 체험했습니다. 이것이 모든 성도가 누려야 할 감격스러운 체험입니다.

> 오호라 나는 곤고한 사람이로다 이 사망의 몸에서 누가 나를 건져내랴 [롬 7:24]
> 미쁘다 모든 사람이 받을 만한 이 말이여 그리스도 예수께서 죄인을 구원하시려고 세상에 임하셨다 하였도다 죄인 중에 내가 괴수니라 [딤전 1:15]

3. 십계명을 지켜야 하는 근본적인 동기

십계명을 지키는 것은 금생과 내세에 그리고 영육 간에 놀라운 복이 됩니다.

1) 구원 얻은 사람으로서 합당한 믿음 생활을 하기 위해서

우리가 그의 계명을 지키면 이로써 우리가 그를 아는 줄로 알 것이요 그를 아노라 하고 그의 계명을 지키지 아니하는 자는 거짓말하는 자요 진리가 그 속에 있지 아니하되 [요일 2:3-4]

하나님을 안다는 것의 외적 표현은 '그의 계명', 즉, 하나님의 계명을 지키는 것이며, 계명을 지키지 않으면 '거짓말하는 자요 진리가 그 속에 있지 않다.'라고 했습니다. 이것은 십계명을 지켜야 하나님을 믿는 합당한 믿음생활을 하고 있다는 것을 말씀하고 있습니다.

2) 하나님을 사랑하고 이웃을 사랑하기 위해서

하나님을 사랑하는 것은 이것이니 우리가 그의 계명들을 지키는 것이라 그의 계명들은 무거운 것이 아니로다 [요일 5:3]
선생님 율법 중에서 어느 계명이 크니이까 예수께서 이르시되 네 마음을 다하고 목숨을 다하고 뜻을 다하여 주 너의 하나님을 사랑하라 하셨으니 이것이 크고 첫째 되는 계명이요 둘째도 그와 같으니 네 이웃을 네 자신 같이 사랑하라 하셨으니 이 두 계명이 온 율법과 선지자의 강령이니라 [마 22:36-40]

구원을 받은 성도는 반드시 하나님을 사랑하고 이웃을 사랑하기를 원하게 됩니다. 사랑한다는 것은 먼저 사랑하려는 진실된 마음이 있어야 하며 그리고 사랑하는 합당한 행동을 해야 합니다. 그 합당한 행위의 기준이 바로 십계명입니다. 따라서 십계명을 사랑의 계명이라고 부릅니다. 특히 십계명이 모세의 율법과 함께 지킬 때는 진부한 옛 계명이었지만 십자가의 은혜와 더불어서 십계명을 지킬 때 십계명은 영원히 새 계명이 됩니다.

사랑하는 자들아 내가 새 계명을 너희에게 쓰는 것이 아니라 너희가 처음부터 가진 옛 계명이니 이 옛 계명은 너희가 들은 바 말씀이거니와 [요일 2:7]
새 계명을 너희에게 주노니 서로 사랑하라 내가 너희를 사랑한 것 같이 너희도 서로 사랑하라 [요 13:34]

3) 하나님과 더 깊은 교제를 나누기 위하여

만일 우리가 하나님과 사귐이 있다 하고 어둠에 행하면 거짓말을 하고 진리를 행하지 아니함이거니와 그가 빛 가운데 계신 것 같이

4. 구원의 유지

> 우리도 빛 가운데 행하면 우리가 서로 사귐이 있고 그 아들 예수의 피가 우리를 모든 죄에서 깨끗하게 하실 것이요 [요일 1:6-7]
> 우리가 그의 계명을 지키면 이로써 우리가 그를 아는 줄로 알 것이요 그를 아노라 하고 그의 계명을 지키지 아니하는 자는 거짓말하는 자요 진리가 그 속에 있지 아니하되 [요일 2:3-4]

예수를 믿는 믿음 가운데서 계명을 지키는 것이 빛 가운데 행하는 것이며(요일 2:8), 계명을 지키지 않는 것이 거짓말하고 진리를 행치 않는 것입니다(요일2:4). 이것은 십자가의 은혜를 의지하며 십계명을 지킬 때 하나님과 사귐이 있게 된다는 것을 말씀하고 있습니다.

4) 선한 양심의 회복과 죄를 회개하기 위해서

> 그러므로 율법의 행위로 그의 앞에 의롭다 하심을 얻을 육체가 없나니 율법으로는 죄를 깨달음이니라 [롬 3:20]

죄를 깨닫는 것이 양심을 선하게 회복하는 것입니다. 선한 양심이 회복된 만큼 더 죄를 회개할 수 있고, 죄를 철저히 더 많이 회개할수록 하나님과 친밀한 교제를 그만큼 더 회복할 수 있습니다. 그리고 죄를 깨달아야 자백과 회개를 하여 죄를 사함의 은혜를 받을 수 있습니다.

만일 우리가 우리 죄를 자백하면 그는 미쁘시고 의로우사 우리 죄를 사하시며 우리를 모든 불의에서 깨끗하게 하실 것이요 [요일 1:9]

5) 죄 사함의 은혜를 더 깊이 체험하기 위하여

율법이 들어온 것은 범죄를 더하게 하려 함이라 그러나 죄가 더한 곳에 은혜가 더욱 넘쳤나니 [롬 5:20]

죄가 더한 곳이란, 율법을 통해서 죄를 더 깊이 깨닫는 곳이라는 뜻입니다. 죄를 더 많이 깨닫는 곳에 죄 사함의 은혜를 더욱 깊이 깨닫게 되어 더 많은 은혜가 넘친다는 것입니다. 따라서 죄를 깨닫는 것과 십자가의 은혜를 체험하는 것은 서로 비례합니다.

6) 마귀와의 싸움에서 승리하기 위해

근신하라 깨어라 너희 대적 마귀가 우는 사자 같이 두루 다니며 삼킬 자를 찾나니 [벧전 5:8]
용이 여자에게 분노하여 돌아가서 그 여자의 남은 자손 곧 하나님의 계명을 지키며 예수의 증거를 가진 자들과 더불어 싸우려고 바다 모래 위에 서 있더라 [계 12:17]

마귀는 끊임없이 성도의 주위를 맴돌며 미혹하여 구원을 상실하게

4. 구원의 유지

하려고 호시탐탐 노리고 있습니다. 계시록에서는 이 마귀와 싸워 이기는 자들이 있는데 이들은 하나님의 계명을 지키며, 예수의 증거를 가진 자라고 했습니다. 하나님의 계명은 십계명이며, 예수의 증거는 보혜사 성령을 받고(엡1:13; 계19:10) 십자가의 은혜를 의지하는 것입니다. 이 두 가지로 마귀와 싸워 승리하는 성도가 될 것입니다. 이들이 남은 자입니다. 따라서 마귀와의 싸움에서 승리하는 비결은 십계명을 굳게 세우고 지키기를 힘쓰는 자들입니다.

7) 영혼을 지키기 위하여

> 계명을 지키는 자는 자기의 영혼을 지키거니와 자기의 행실을 삼가지 아니하는 자는 죽으리라 [잠 19:16]

'계명을 지키는 자는 자기 영혼을 지킨다.'고 말씀하고 있습니다. 이것은 계명 지킴이 구원과 관계가 있다는 것을 보여주고 있습니다. 예수님께서도 "생명에 들어가려면 계명들을 지키라."고 말씀하셨습니다(마19:17). 십계명은 행동의 목표를 제시함과 동시에 죄를 깨닫게 하여 십자가의 은혜로 나아가 죄 사함을 받도록 합니다. 죄 사함이 없이 영혼을 지킬 수 없습니다. 따라서 영혼을 지키기 위해서 십계명을 굳게 세우고 반드시 지키도록 힘써야 할 것입니다.

8) 금생과 내세에 상급이 있기 때문에

나를 사랑하고 내 계명을 지키는 자에게는 천 대까지 은혜를 베푸느니라 [출 20:6]
말씀을 멸시하는 자는 자기에게 패망을 이루고 계명을 두려워하는 자는 상을 받느니라 [잠 13:13]

십계명은 무궁무진한 축복을 동반한 계명입니다. 십계명을 성실히 지키기 위해 힘쓰면 이 세상에서도 자자손손 복되게 살 뿐 아니라 영원한 하늘나라에 가서도 큰 상급과 영광을 받게 됩니다.

4. 성도가 죄 가운데 머물러 있을 수 없는 이유

죄가 자백만으로 용서될 수 있기 때문에 무슨 죄를 짓든지 관계없다고 생각을 하는 어리석은 신자들이 있습니다. 그들은 죄 사함의 은혜를 잘못 이해하여, 죄짓는데 담대하며 죄에 대한 양심의 가책을 면하려는 수단으로 은혜를 이용하는 경우가 있습니다. 그들은 죄가 자백만으로 용서될 수 있기 때문에 무슨 죄를 짓든지 관계없다고 하며 예수 그리스도의 십자가를 모독하고 더럽히는 어리석고 무지한 자들입니다. 이러한 자들은 저주를 받아 마땅한 자들이라고 성경은 말하고 있습니다.

4. 구원의 유지

또는 그러면 선을 이루기 위하여 악을 행하자 하지 않겠느냐 어떤 이들이 이렇게 비방하여 우리가 이런 말을 한다고 하니 그들은 정죄 받는 것이 마땅하니라 [롬 3:8]

거듭난 성도들은 죄 사함의 은혜가 있다고 해서 마음대로 죄를 지을 수 있는 것이 아닙니다. 오히려 죄를 미워하고 계명을 지키며 말씀에 순종하여 거룩하게 살기 위하여 힘쓸 것입니다. 죄를 멀리하고 거룩하게 살기 위해서 힘쓰는 것이 하나님의 은혜와 예수 그리스도의 사랑을 알고 깨달은 성도의 마땅한 태도입니다.

그런즉 우리가 무슨 말을 하리요 은혜를 더하게 하려고 죄에 거하겠느냐 그럴 수 없느니라 죄에 대하여 죽은 우리가 어찌 그 가운데 더 살리요 [롬 6:1-2]
그런즉 어찌하리요 우리가 법 아래에 있지 아니하고 은혜 아래에 있으니 죄를 지으리요 그럴 수 없느니라 [롬 6:15]
나의 자녀들아 내가 이것을 너희에게 씀은 너희로 죄를 범하지 않게 하려 함이라 만일 누가 죄를 범하여도 아버지 앞에서 우리에게 대언자가 있으니 곧 의로우신 예수 그리스도시라 [요일 2:1]

요한일서 2장 1절에서 "이것을 너희에게 씀은"에서 "이것"이란 요한 1서 1장 7절에 있는 자백을 통한 죄 사함의 가르침입니다. 요한 사도는 자백하므로 죄 사함 받는 이 위대한 진리를 가르치면서 염려

제2편
본 론

되는 것이 신도가 이를 곡해하여 죄짓는 일을 대수롭지 않게 생각할까 하는 것이었습니다.

> 하나님께로부터 난 자마다 죄를 짓지 아니하나니 이는 하나님의 씨가 그의 속에 거함이요 그도 범죄하지 못하는 것은 하나님께로부터 났음이라 [요일 3:9]

하나님의 은혜와 구원을 깨달은 성도는 죄 가운데 머물러 있을 수 없습니다. 만일 믿음이 있다고 하면서 십계명을 무시하고 선하게 살려는 의지가 없고, 죄를 짓지 않으려는 노력이 없다면 그 믿음은 필시 잘못된 믿음일 것입니다. 그러한 잘못된 믿음은 당연히 영원한 천국에 갈 수가 없을 것입니다. 믿음과 행위는 분리될 수 없는 동전의 양면과 같은 것입니다. 구원받기에 합당한 믿음은 반드시 행함이 따를 것입니다. 행함으로 구원을 받을 수는 없지만 믿음 없는 행함은 있을 수가 없습니다.

> 영혼 없는 몸이 죽은 것 같이 행함이 없는 믿음은 죽은 것이니라
> [약 2:26]

십계명을 범한 죄는 죽음이며 지옥 불과 같습니다. 생각이나 감정 속에 있는 것과 같은 아무리 작은 죄라 할지라도 죽음에 해당하는 죄이며, 지옥에 갈 수밖에 없는 죄입니다(롬1:28-31, 갈5:19-21, 고전

4. 구원의 유지

6:9-10). 계명을 범한다는 것은 이렇게 두렵고 떨리는 일입니다. 이러한 죄가 사함받지 못한다면 결코 의와 구원을 유지할 수 없을 것입니다. 그러므로 계명을 지키기 위해서 힘쓰되 계명을 범한 죄는 즉시 자백하고 회개하여 그 죄를 청산해, 지속적으로 의와 거룩함을 유지해야 합니다. 이러한 자들에게는 결코 정죄함이 없을 것입니다.

다른 면에서 볼 때 하나님을 사랑하는 사람은 하나님의 계명을 기꺼이 사랑하게 됩니다. 계명을 사랑하여 지키기 위해서 힘쓰는 사람은 고의로 죄를 짓거나 죄 가운데 머물러 있을 수가 없습니다. 하나님께서 우리의 죄를 위해 친히 육신으로 오셔서 우리의 죄를 대신 지시고 십자가에 못 박혀 죽어 주신 것을 아는데, 어찌 다시 죄악 중의 낙을 누리려 하겠습니까? 하나님의 사랑과 예수 그리스도의 은혜를 아는 사람은 그 사랑을 배신하면서까지 고의적으로 죄를 짓거나 죄악 가운데 머물러 있을 수 없을 것입니다.

죽은 사람은 손을 불 가운데 넣어도 아무런 감각이 없지만 살아 있는 사람은 불 속에 들어가지 않으려 할 뿐 아니라, 설혹 불에 닿게 될 기회가 있다 하더라도 도저히 오래 머물러 있을 수 없습니다. 이와 같이 계명에 의해 양심이 살아 있고, 죄로 인한 지옥의 두려움을 알고, 하나님의 사랑을 깨달은 사람은 결코 고의로 죄를 짓거나 죄 가운데 머물러 있을 수 없을 뿐 아니라 죄를 짓는 즉시 자백하고 회개할 수밖에 없습니다.

그 안에 거하는 자마다 범죄하지 아니하나니 범죄하는 자마다 그를 보지도 못하였고 그를 알지도 못하였느니라 하나님께로부터 난 자마다 죄를 짓지 아니하나니 이는 하나님의 씨가 그의 속에 거함이요 그도 범죄하지 못하는 것은 하나님께로부터 났음이라

[요일 3:6,9]

하나님께로부터 난 자는 다 범죄하지 아니하는 줄을 우리가 아노라 하나님께로부터 나신 자가 그를 지키시매 악한 자가 그를 만지지도 못하느니라 [요일 5:18]

5. 성도가 죄를 짓지 않고 성결하게 살기를 힘쓰고 노력해야 하는 이유

1) 예수 그리스도의 십자가의 은혜가 너무나 감격스러워서

예수께서 우리의 죄를 위하여 십자가에 못 박혀 죽으셔서 우리 죄를 용서해 주시고 다시는 죄를 짓지 말라고 하셨는데(요8:11), 어찌 죄를 고의로 지으며 죄악 중의 낙을 누릴 수 있겠습니까? 그 은혜가 너무 감격스러워 고의로 죄를 짓고 그 가운데 머물러 있을 수 없습니다.

그러나 내게는 우리 주 예수 그리스도의 십자가 외에 결코 자랑할 것이 없으니 그리스도로 말미암아 세상이 나를 대하여 십자가에 못 박히고 내가 또한 세상을 대하여 그러하니라 [갈 6:14]

4. 구원의 유지

> 그리스도 예수의 사람들은 육체와 함께 그 정욕과 탐심을 십자가에 못 박았느니라 [갈 5:24]

2) 하나님과 더 깊은 교제를 나누기 위해서

죄는 교제의 단절을 가져옵니다. 하나님과의 교제는 성도의 가장 중요한 특권이요 축복입니다. 그런데 죄를 짓고 그 죄가 하나님 앞에서 해결되지 않으면 하나님과의 교제가 단절되어 복된 믿음생활, 하나님을 기쁘게 하는 믿음생활, 응답받는 믿음생활을 할 수 없습니다.

> 우리가 그에게서 듣고 너희에게 전하는 소식은 이것이니 곧 하나님은 빛이시라 그에게는 어둠이 조금도 없으시다는 것이니라 만일 우리가 하나님과 사귐이 있다 하고 어둠에 행하면 거짓말을 하고 진리를 행하지 아니함이거니와 그가 빛 가운데 계신 것 같이 우리도 빛 가운데 행하면 우리가 서로 사귐이 있고 그 아들 예수의 피가 우리를 모든 죄에서 깨끗하게 하실 것이요 [요일 1:5-7]
> 여호와의 손이 짧아 구원하지 못하심도 아니요 귀가 둔하여 듣지 못하심도 아니라 오직 너희 죄악이 너희와 너희 하나님 사이를 갈라 놓았고 너희 죄가 그의 얼굴을 가리어서 너희에게서 듣지 않으시게 함이니라 [사 59:1-2]

3) 죄의 보응으로 인하여 고통을 당하지 않기 위해

악을 행하는 각 사람의 영에는 환난과 곤고가 있으리니 먼저는 유대인에게요 그리고 헬라인에게며 [롬 2:9]

다윗은 죄를 짓고 자백함으로써 죄의 용서는 받았지만 이 세상에서 죄에 대한 엄청난 보응을 받았습니다(삼하12:13-14).

이제 네가 나를 업신여기고 헷 사람 우리아의 아내를 빼앗아 네 아내로 삼았은즉 칼이 네 집에서 영원토록 떠나지 아니하리라 하셨고 다윗이 나단에게 이르되 내가 여호와께 죄를 범하였노라 하매 나단이 다윗에게 말하되 여호와께서도 당신의 죄를 사하셨나니 당신이 죽지 아니하려니와 이 일로 말미암아 여호와의 원수가 크게 비방할 거리를 얻게 하였으니 당신이 낳은 아이가 반드시 죽으리이다 하고 [삼하 12:10,13,14]

다윗이 받은 보응을 간단히 열거하면 아래와 같습니다.

① 불륜으로 낳은 아이가 죽게 되었습니다(삼하 12:14, 18).
② 자녀들 사이에 근친상간이 일어났습니다(삼하 13:1-13).
③ 근친상간의 일로 자식들 간에 살육이 일어났습니다(삼상 13: 14-33).

4. 구원의 유지

④ 아들 압살롬이 반역을 일으켜 아버지 다윗을 죽이려 했습니다
(삼하 15장).
⑤ 압살롬이 백주에 아버지의 후궁을 욕보이는 패륜이 있었습니다
(삼하 16:22).
⑥ 반역한 아들 압살롬이 죽게 되었습니다(삼하 18:33).

하나님을 믿는다고 하면서 고의로 죄를 짓는다면 이는 엄청난 고통과 삶의 불행을 초래하게 됩니다. 더욱이 자백하고 회개함으로 죄를 사해 주시는 하나님의 은혜를 빙자하여, 자백하고 회개만 하면 죄 사함을 받을 수 있으니 무슨 죄를 짓더라도 상관이 없다고 생각하는 어리석은 신도가 있을 수 있습니다. 그러나 그것은 그 사상 자체가 구원을 받지 못할 사상이며 설혹 진정한 회개를 통하여 죄 사함을 받았다 할지라도 반드시 그 죄에 대한 자생적 보응이 따른다는 사실을 알아야 합니다. 짧게는 자신의 생애에 받을 것이며, 멀리는 자손들에게 죄의 업보가 미치게 됩니다. 그러나 진실된 회개의 정도에 따라서 죄의 보응이 감해지거나 면제될 수도 있습니다. 하지만 그것은 하나님의 주권에 달려 있습니다. 진정한 회개란 죄에 대한 보응도 기꺼이 감수하겠다는 태도를 갖는 것입니다. 죄에 대한 보응이 두려워 회개하는 것은 진정한 회개가 아닙니다.

4) 하나님의 버리심을 당하지 않기 위하여

고의적으로 죄를 지으며, 거짓 자백을 일삼고 진정으로 회개하지

제2편
본 론

않으며, 죄악 중의 낙을 누리면서 그곳에 계속 머물러 있게 될 때, 하나님은 그의 믿음을 상실하도록 두셔서 구원을 받지 못하게 하실 것입니다. 믿음의 상실이야말로 가장 두려운 하나님의 심판입니다.

> 한 번 빛을 받고 하늘의 은사를 맛보고 성령에 참여한 바 되고 하나님의 선한 말씀과 내세의 능력을 맛보고도 타락한 자들은 다시 새롭게 하여 회개하게 할 수 없나니 이는 그들이 하나님의 아들을 다시 십자가에 못 박아 드러내 놓고 욕되게 함이라 땅이 그 위에 자주 내리는 비를 흡수하여 밭 가는 자들이 쓰기에 합당한 채소를 내면 하나님께 복을 받고 만일 가시와 엉겅퀴를 내면 버림을 당하고 저주함에 가까워 그 마지막은 불사름이 되리라
> [히 6:4-8, 10:26-29, 고전 6:9-10]

> 또한 그들이 마음에 하나님 두기를 싫어하매 하나님께서 그들을 그 상실한 마음대로 내버려 두사 합당하지 못한 일을 하게 하셨으니
> [롬 1:28]

02

영적 에덴에서 선악을 알게 하는 나무의 열매는 십계명이며, 생명나무는 예수 그리스도입니다

4. 구원의 유지

1. 선악을 알게 하는 나무

선악을 알게 하는 열매를 따먹으면 선악을 알게 되며, 범하면 정죄와 죽음과 형벌을 가져오게 되는 것입니다(창3:22, 2:17). 그렇다면 영적 에덴인 교회에서 선악을 알게 하는 열매가 무엇일까요? 그것은 바로 십계명입니다. 십계명은 선악을 분별하게 하는 하나님의 법이며 이를 범하면 정죄와 죽음과 형벌을 가져옵니다(롬3:20, 롬7:7, 11).

십계명은 완전한 하나님의 법이며 의이며 사랑의 방법입니다. 그러므로 영적 에덴인 교회에서는 십계명을 굳게 세워서 선악이 무엇인지 분명히 해야 하며, 성도는 십계명을 믿음으로 받아들여 양심을 온전히 계발하여 죄를 분명히 깨달아 알도록 해야 합니다(롬3:31).

> 여호와 하나님이 이르시되 보라 이 사람이 선악을 아는 일에 우리 중 하나 같이 되었으니 그가 그의 손을 들어 생명 나무 열매도 따먹고 영생할까 하노라 하시고 [창 3:22]
> 선악을 알게 하는 나무의 열매는 먹지 말라 네가 먹는 날에는 반드시 죽으리라 하시니라 [창 2:17]
> 그러므로 율법의 행위로 그의 앞에 의롭다 하심을 얻을 육체가 없나니 율법으로는 죄를 깨달음이니라 [롬 3:20]
> 그런즉 우리가 무슨 말을 하리요 율법이 죄냐 그럴 수 없느니라 율법으로 말미암지 않고는 내가 죄를 알지 못하였으니 곧 율법이 탐

내지 말라 하지 아니하였더라면 내가 탐심을 알지 못하였으리라 죄
가 기회를 타서 계명으로 말미암아 나를 속이고 그것으로 나를 죽
였는지라 [롬 7:7, 11]
그런즉 우리가 믿음으로 말미암아 율법을 파기하느냐 그럴 수 없느
니라 도리어 율법을 굳게 세우느니라 [롬 3:31]

2. 생명나무

생명나무는 그것의 열매를 먹는 자에게 생명을 주는 나무입니다. 교회가 영적 에덴동산이므로 성도를 위해 당연히 생명나무가 있어야 합니다. 성도에게 지속적으로 생명을 주는 나무는 바로 예수 그리스도입니다.

아버지께서 자기 속에 생명이 있음 같이 아들에게도 생명을 주어
그 속에 있게 하셨고 [요 5:26]
도둑이 오는 것은 도둑질하고 죽이고 멸망시키려는 것뿐이요 내가
온 것은 양으로 생명을 얻게 하고 더 풍성히 얻게 하려는 것이라
[요 10:10]

첫째, 예수 그리스도는 모든 믿는 자에게 물과 성령으로 거듭나게 하여 생명을 주시는 생명나무이십니다.

4. 구원의 유지

　둘째, 거듭난 성도가 십계명을 범했을 때 죄를 자백하는 자에게 십자가의 보혈로 죄 사함을 얻게 하시어 생명을 유지하게 하시는 생명나무이십니다.

　셋째, 생명의 말씀을 통해서 풍성한 생명을 누리게 하시는 생명나무이십니다.

> 예수께서 이르시되 나는 생명의 떡이니 내게 오는 자는 결코 주리지 아니할 터이요 나를 믿는 자는 영원히 목마르지 아니하리라
> [요 6:35]

3. 영적 에덴에 있는 자들의 복

　물질적 에덴동산에서는 선악과를 따먹고 죄를 지으면 사함의 길이 없기 때문에 에덴동산에서 추방되어 죽을 수밖에 없었습니다. 그러나 영적 에덴동산에서는 죄 사함을 통한 영생의 길이 열려 있기 때문에, 비록 죄를 지었을지라도 생명나무이신 예수 그리스도의 십자가 앞에 나의 죄를 자백하고 회개하면, 지속적으로 죄의 용서함을 받아 영원한 생명이 유지되어 영적 에덴동산에서 계속 머물러 있을 수가 있습니다. 그러므로 에덴동산에 있는 아담·하와보다 영적 에덴동산에 있는 성도가 영적인 측면에서 볼 때는 훨씬 복된 상태에 있습니다.

예수 재림과 심판

1. 영적 에덴에 있는 사람은 죄는 용서되고 선은 인정받아 점점 쌓여서 장차 예수께서 재림하셔서 만민을 심판하실 때, 상급의 심판을 받아 영원한 천국에서 상급과 영광을 받습니다.
   그러나 사탄의 권세 아래서 구원받지 못한 사람은 죄악은 점점 쌓여 예수께서 재림하실 때 형벌의 심판을 받아 영원한 지옥에서 죄의 크기만큼 형벌을 받습니다.
2. 만일 믿음을 소홀히 하여 교회를 떠나 죄 가운데서 방황하게 되면 구원을 상실하여 영원한 지옥에 들어가게 됩니다. 이러한 사람은 더 큰 형벌을 받습니다. 차라리 믿지 않았던 것이 더 좋았을 것입니다. 그러나 다행히 돌이킨 사람은 가까스로 구원을 얻을 수 있습니다만 천국에서 상급이 지극히 적습니다.
3. 성도가 사탄의 권세에서 하나님의 권세로 회복되어 구원받는 것도 예수 그리스도의 십자가의 은혜요, 영적 에덴인 교회에서 구원이 유지될 수 있는 것도 십자가의 공로로 죄 용서받기 때문이며, 선이 선으로 기억되어 영원한 천국에서 상급이 될 수 있는 것도 십자가의 은혜로 죄 사함 받기 때문입니다. 그러므로 성도는 자기의 공로를 자랑할 것이 아무것도 없고 오직 인간에게 구원을 주신 하나님의 은혜와 예수 그리스도의 십자가만을 높이고 자랑해야 되는 것입니다.

01

> 영적 에덴에 있는 사람은 죄는 용서되고 선은 인정받아 점점 쌓여서 장차 예수께서 재림하셔서 만민을 심판하실 때, 상급의 심판을 받아 영원한 천국에서 상급과 영광을 받습니다.
> 그러나 사탄의 권세 아래서 구원받지 못한 사람은 죄악은 점점 쌓여 예수께서 재림하실 때 형벌의 심판을 받아 영원한 지옥에서 죄의 크기만큼 형벌을 받습니다

1. 예수 재림

1) 예수 재림은 반드시 있습니다

예수의 재림은 성도의 최대의 소망입니다. 예수님께서 부활하신 후에 감람산에서 승천하시는 모습을 제자들은 직접 목격을 하였습니다. 그때 천사들이 나타나 예수께서 하늘로 올려 가신 모습 그대로 다시 오실 것이라고 제자들에게 말했습니다. 예수님은 마지막이 세상을 심판하시기 위해 영광의 구름을 타시고 반드시 다시 오실 것입니다. 이것을 재림이라고 하는데 예수님께서도 수차 제자들에게 약속을 하였습니다. 성경의 마지막 권인 계시록은 예수님의 재림을 대망하면서 끝을 맺고 있습니다. 예수님의 재림은 반드시 있을 것입니다.

5. 예수 재림과 심판

내 아버지 집에 거할 곳이 많도다 그렇지 않으면 너희에게 일렀으리라 내가 너희를 위하여 거처를 예비하러 가노니 가서 너희를 위하여 거처를 예비하면 내가 다시 와서 너희를 내게로 영접하여 나 있는 곳에 너희도 있게 하리라 [요 14:2-3]

올라가실 때에 제자들이 자세히 하늘을 쳐다보고 있는데 흰 옷 입은 두 사람이 그들 곁에 서서 이르되 갈릴리 사람들아 어찌하여 서서 하늘을 쳐다보느냐 너희 가운데서 하늘로 올려지신 이 예수는 하늘로 가심을 본 그대로 오시리라 하였느니라 [행 1:10-11]

이와 같이 그리스도도 많은 사람의 죄를 담당하시려고 단번에 드리신 바 되셨고 구원에 이르게 하기 위하여 죄와 상관 없이 자기를 바라는 자들에게 두 번째 나타나시리라 [히 9:28]

볼지어다 그가 구름을 타고 오시리라 각 사람의 눈이 그를 보겠고 그를 찌른 자들도 볼 것이요 땅에 있는 모든 족속이 그로 말미암아 애곡하리니 그러하리라 아멘 [계 1:7]

이것들을 증언하신 이가 이르시되 내가 진실로 속히 오리라 하시거늘 아멘 주 예수여 오시옵소서 [계 22:20]

2) 그 날과 그 때는 누구도 모릅니다

재림의 날과 시간을 예언했던 수많은 사람과 교파가 있었습니다. 하지만 모두 실패했고, 오히려 그들의 잘못된 예언은, 예수 재림의 신앙이 믿지 않는 사람들에게 비웃음만 당했고 믿는 자들마저도 불신하게 된 결과를 가져왔습니다. 예수 재림은 반드시 있을 것이나,

날짜를 정확히 예언하는 것은 성경적이 아닙니다. 이는 사람을 미혹하는 일입니다.

> 그러나 그 날과 그 때는 아무도 모르나니 하늘의 천사들도, 아들도 모르고 오직 아버지만 아시느니라 [마 24:36]
> 형제들아 때와 시기에 관하여는 너희에게 쓸 것이 없음은 주의 날이 밤에 도둑 같이 이를 줄을 너희 자신이 자세히 알기 때문이라 그들이 평안하다, 안전하다 할 그 때에 임신한 여자에게 해산의 고통이 이름과 같이 멸망이 갑자기 그들에게 이르리니 결코 피하지 못하리라 형제들아 너희는 어둠에 있지 아니하매 그 날이 도둑 같이 너희에게 임하지 못하리니 너희는 다 빛의 아들이요 낮의 아들이라 우리가 밤이나 어둠에 속하지 아니하나니 그러므로 우리는 다른 이들과 같이 자지 말고 오직 깨어 정신을 차릴지라 [살전 5:1-6]

2. 죽은 자의 부활

부활에는 선한 자의 부활과 악한 자의 부활이 있습니다.

> 선한 일을 행한 자는 생명의 부활로, 악한 일을 행한 자는 심판의 부활로 나오리라 [요 5:29]

5. 예수 재림과 심판

　선한 자란 예수를 믿고 거듭나 생명의 성령의 법에 따라 사는 자들을 말합니다. 즉 하나님의 뜻대로 산 자들입니다. 이러한 선한 자는 예수님께서 부활하실 때의 모습처럼 영광의 몸으로 부활하여 영원한 생명을 누릴 것입니다. 이것이 생명의 부활입니다.

　악한 자란, 하나님과 예수님을 믿지 않는 자들이며, 믿었다 하더라도 하나님의 뜻에 순종하지 않는 자들입니다. 악한 자들도 부활을 하지만 이들은 영광의 몸이 아니라 추악한 영체가 될 것입니다. 이들은 심판을 받기 위하여 부활할 것입니다.

> 땅의 티끌 가운데에서 자는 자 중에서 많은 사람이 깨어나 영생을 받는 자도 있겠고 수치를 당하여서 영원히 부끄러움을 당할 자도 있을 것이며 [단 12:2]
> 그들이 기다리는 바 하나님께 향한 소망을 나도 가졌으니 곧 의인과 악인의 부활이 있으리라 함이니이다 [행 24:15]

3. 낙원의 영혼이 부활한 몸과 결합하여 영광의 몸으로의 변화됨

　인간이 죽은 후 영혼이 예수께서 재림하실 때까지 대기하는 두 정소가 있습니다. 구원받을 자가 가서 있을 곳은 낙원이며, 구원받지 못할 자가 가서 있을 곳이 음부(스올)입니다. 이곳의 영혼들이 땅에서 부활한 육신과 결합하여 영체를 갖게 됩니다. 하지만 살아 있는 자들 중 구원을 받은 자들은 곧바로 영광의 몸으로 변화하여 들림을 받아 공중에서 예수님을 영접할 것입니다.

> 우리가 예수께서 죽으셨다가 다시 살아나심을 믿을진대 이와 같이 예수 안에서 자는 자들도 하나님이 그와 함께 데리고 오시리라
> [살전 4:14]
> 주께서 호령과 천사장의 소리와 하나님의 나팔 소리로 친히 하늘로부터 강림하시리니 그리스도 안에서 죽은 자들이 먼저 일어나고
> [살전 4:16]
> 그는 만물을 자기에게 복종하게 하실 수 있는 자의 역사로 우리의 낮은 몸을 자기 영광의 몸의 형체와 같이 변하게 하시리라 [빌 3:21]

데살로니가전서 5장 14, 16절에서 예수 재림 때 데려오실 자는 낙원의 영들이며, 죽음에서 먼저 일어난 자들은 땅에서 육체의 부활을 한 자들입니다. 그리고 빌립보서 3장 16절은 영과 부활한 육체의 결합을 통하여 완전한 몸을 갖게 됨과 동시에 영광의 몸으로 변화되는 것을 말하고 있는 것입니다.

4. 부활 변화될 수 있는 힘

예수께서 재림하실 때 부활 변화되어 주님을 맞이하여 영원한 천

5. 예수 재림과 심판

국에서 주님과 영생복락을 누리는 것이 믿음의 최고 최후의 목적입니다. 이 영광스러운 부활 변화를 할 수 있는 조건이 무엇일까요? 성경에 나타난 바로는 예수를 믿는 믿음과 보혜사 성령의 내주와 예수님의 살과 피를 받은 성찬이라고 말씀하고 있습니다. 인간은 하나님의 오묘한 뜻을 다 알 수 없습니다. 다만 '예수께서 가르치시고 사도들이 이해하고 믿고 순종했던 원형의 구원복음'을 믿고 순종하기만 하면 됩니다. 뜻을 정확히 이해하여 믿고 순종하면 가장 좋지만 설혹 이해가 되지 않는다 하더라도 믿고 순종하는 것이 구원을 받는 가장 확실한 길입니다. 영광의 부활에 참여하기 위해서 믿음과 보혜사 성령과 성찬은 매우 중요합니다.

1) 믿음

> 예수께서 이르시되 나는 부활이요 생명이니 나를 믿는 자는 죽어도 살겠고 무릇 살아서 나를 믿는 자는 영원히 죽지 아니하리니 이것을 네가 믿느냐 [요 11:25-26]

전기가 모든 전기제품을 사용하는 데 가장 기초가 되듯이 믿음은 시작에서 끝까지 가장 중요한 기초요소입니다. 따라서 예수를 믿는 믿음이 지속될 때 구원을 유지할 수 있고 완성할 수 있습니다. 그리고 더 나아가 부활할 수 있는 힘을 얻게 됩니다. "나를 믿는 자는 죽어도 살겠고"라는 말은 예수께서 재림하실 때 영광의 몸으로 부활할 것을 말하며, "살아서 나를 믿는 자는 영원히 죽음을 보지 아니하리라"라는 말씀은 예수님께서 재림하실 때까지 살아서 믿는 자들은 육체의 죽음을 보지 아니하고 곧바로 영광의 몸으로 변화되어 예수님을 맞이하여 영생복락을 누릴 것을 뜻하고 있습니다. 이처럼 부활에 있어서 믿음은 중요한 요소입니다.

2) 보혜사 성령

예수를 죽은 자 가운데서 살리신 이의 영이 너희 안에 거하시면 그리스도 예수를 죽은 자 가운데서 살리신 이가 너희 안에 거하시는 그의 영으로 말미암아 너희 죽을 몸도 살리시리라 [롬 8:11]

본문에서 "예수를 죽은 자 가운데서 살리신 이의 영", "너희 안에 거하시는 그 영"이란 보혜사 성령을 말씀하고 있습니다. 죄로 인해 영적으로 죽은 인간 안에 보혜사 성령이 내주하셔서 인간의 영과 결합하여 침례를 통하여 회복된 새 생명으로 하여금 하나님의 영원한 생명과 연합되게 합니다(롬6:3-4). 이 보혜사 성령이 내주한 성도는 예수께서 재림하실 때 "죽을 몸"을 영광의 몸으로 다시 살리실 것을 말씀하고 있습니다. 보혜사 성령은 예수님께서 재림하실 때 영광의 부활을 하게 하는 데 반드시 필요한 요소입니다.

3) 성찬

내 살을 먹고 내 피를 마시는 자는 영생을 가졌고 마지막 날에 내가 그를 다시 살리리니 [요 6:54]

본문에서 '내 살과 피를 먹고 마시는 자'란 예수님께서 세우신 성찬을 받는 성도를 말씀하고 있습니다. 예수님의 몸인 떡과 예수님의 피인 포도즙을 받는 것이 성찬입니다. 이 성찬에 참여할 때 '영생을 가졌다'고 했습니다. 그리고 "마지막 날" 즉, 예수님께서 재림하실 때, "다시 살리시리니", 즉 부활하여 영광의 몸으로 변화시켜 주실 것이라고 말씀하고 있습니다. 따라서 성찬은 구원에 있어서 매우 중요합니다. 예수님의 살과 피에 참여함으로 예수님과 같은 영광의 몸으로 부활 변화하는 데 절대적으로 필요한 요소입니다. 성찬에 정성껏 많이 참여할수록 예수님의 영광의 몸과 같이 더욱 많이 변화될 것입니다. 따라서 성찬을 소홀히 하는 것은 매우 큰 손해이며, 거부하는 것은 자칫 부활의 영광에 참여함을 상실할 수도 있습니다. 믿음이 중요한 것처럼 성찬이 중요하다는 것을 깨닫고 성찬에 성실히 참여해야 할 것입니다.

5. 반드시 심판이 있습니다

일반적으로 대부분의 사람들은 죽으면 끝이라고 생각합니다. 어떤 사람들은 막연하게 혹시 죽은 후 보응이 있지 않을까 생각하기도 하지만 분명히 심판과 보응이 있다고 확신하지는 않습니다. 그러나 그리스도인들은 하나님의 말씀을 근거로 반드시 심판과 보응이 있다는 사실을 알아야 합니다. 성경은 분명히 죽은 후에 심판과 보응에 대해 분명히 말씀하고 있습니다.

> 한번 죽는 것은 사람에게 정해진 것이요 그 후에는 심판이 있으리니 [히 9:27]
> 바다가 그 가운데에서 죽은 자들을 내주고 또 사망과 음부도 그 가운데에서 죽은 자들을 내주매 각 사람이 자기의 행위대로 심판을 받고 [계 20:13]

1) 구원받을 자는 상급의 심판을 받습니다

구원받을 자는 상급의 심판을 받습니다. 이것은 당연합니다. 구원을 받았다고 상급도 같은 것이 아닙니다. 이 세상에서 믿음생활을 어떻게 하였느냐에 따라서 상급도 달라집니다. 성경은 믿는 자의 심판에 대하여 "하나님의 심판대" "그리스도의 심판대"가 있다고 했으며 반드시 "각각 선악간에 그 몸으로 행한 것을 따라" 보응을 받는다고 했습니다.

5. 예수 재림과 심판

> 네가 어찌하여 네 형제를 비판하느냐 어찌하여 네 형제를 업신여기느냐 우리가 다 하나님의 심판대 앞에 서리라 기록되었으되 주께서 이르시되 내가 살았노니 모든 무릎이 내게 꿇을 것이요 모든 혀가 하나님께 자백하리라 하였느니라 이러므로 우리 각 사람이 자기 일을 하나님께 직고하리라 [롬 14:10-12]
> 이는 우리가 다 반드시 그리스도의 심판대 앞에 나타나게 되어 각각 선악간에 그 몸으로 행한 것을 따라 받으려 함이라 [고후 5:10]

여기에서 '선악 간에 그 몸으로 행한 것을 따라 받는다'는 것은 구원받은 후에 일정한 기간 동안 형벌이 있다는 말이 아닙니다. 천주교에서는 천국과 지옥 사이 연옥이라는 것이 있어서 이 세상에서 지은 죄에 대한 형벌의 기간이 있다고 말합니다. 그것은 잘못된 주장입니다. 성경은 어디에서도 연옥에 대해 말하고 있지 않습니다. 위의 내용은 선악 간에 정확하게 보응하여 상급을 주시겠다는 것입니다. 예를 들어 똑같이 많은 충성을 한 성도라 하더라도 지은 죄만큼 상급이 감해질 것입니다. 상급은 성도의 충성의 질과 지은 죄에 따라 결정이 될 것입니다.

> 해의 영광이 다르고 달의 영광이 다르며 별의 영광도 다른데 별과 별의 영광이 다르도다 [고전 15:41]
> 너희 믿음의 확실함은 불로 연단하여도 없어질 금보다 더 귀하여 예수 그리스도께서 나타나실 때에 칭찬과 영광과 존귀를 얻게 할

것이니라 [벧전 1:7]

나는 선한 싸움을 싸우고 나의 달려갈 길을 마치고 믿음을 지켰으니 이제 후로는 나를 위하여 의의 면류관이 예비되었으므로 주 곧 의로우신 재판장이 그 날에 내게 주실 것이며 내게만 아니라 주의 나타나심을 사모하는 모든 자에게도니라 [딤후 4:7-8]

2) 구원받지 못한 자는 형벌의 심판을 받습니다

구원받지 못한 사람들에게는 형벌의 심판이 있습니다. 형벌의 심판도 그가 행한 죄의 질과 선행에 따라 결정될 것입니다. 그들이 이 세상에서 선을 많이 행했다면 형벌이 적을 것입니다. 믿지 않는 사람이 행한 선행은 절대 구원에는 영향을 미치지 못하고 다만 형벌의 양을 줄이는데 약간의 영향이 있을 뿐입니다. 그런 의미에서 이 세상에서 선하게 사는 것이 악하게 사는 것보다는 낫습니다.

너희로 환난을 받게 하는 자들에게는 환난으로 갚으시고 환난을 받는 너희에게는 우리와 함께 안식으로 갚으시는 것이 하나님의 공의시니 주 예수께서 자기의 능력의 천사들과 함께 하늘로부터 불꽃 가운데에 나타나실 때에 하나님을 모르는 자들과 우리 주 예수의 복음에 복종하지 않는 자들에게 형벌을 내리시리니 이런 자들은 주의 얼굴과 그의 힘의 영광을 떠나 영원한 멸망의 형벌을 받으리로다 [살후 1:6-9]

5. 예수 재림과 심판

02

> 만일 믿음을 소홀히 하여 교회를 떠나 죄 가운데서 방황하게 되면 구원을 상실하여 영원한 지옥에 들어가게 됩니다. 이러한 사람은 더 큰 형벌을 받습니다. 차라리 믿지 않았던 것이 더 좋았을 것입니다. 그러나 다행히 돌이킨 사람은 가까스로 구원을 얻을 수 있습니다만, 천국에서 상급이 지극히 적습니다

1. 구원의 상실

거듭나 구원을 얻었다고 저절로 모두 천국에 가는 것은 아니며, 어떻게 살아도 구원이 확고히 보장되는 것은 아닙니다. 거듭난 것은 자격의 구원이며 천국행 티켓과 같은 것으로서 영원한 천국에 들어가기까지 그 구원을 상실하지 않고 지켜야 하는 것입니다.

> 그러므로 나의 사랑하는 자들아 너희가 나 있을 때뿐 아니라 더욱 지금 나 없을 때에도 항상 복종하여 두렵고 떨림으로 너희 구원을 이루라 [빌 2:12]
> 내가 이미 얻었다 함도 아니요 온전히 이루었다 함도 아니라 오직 내가 그리스도 예수께 잡힌 바 된 그것을 잡으려고 달려가노라 형제들아 나는 아직 내가 잡은 줄로 여기지 아니하고 오직 한 일 즉

뒤에 있는 것은 잊어버리고 앞에 있는 것을 잡으려고 푯대를 향하여 그리스도 예수 안에서 하나님이 위에서 부르신 부름의 상을 위하여 달려가노라 [빌 3:12-14]

1) 구원은 상실될 수 있습니다

성경은 받은 구원이 상실될 수 있다고 말씀하고 있습니다. 한번 구원받으면 결코 구원이 자동적으로 보장되는 것은 아닙니다. 완전 예정론 입장에서는 한번 구원받으면 영원한 구원이라고 말할 수 있습니다. 하지만 그것은 하나님께 속한 비밀한 것이므로 그것을 근거로 '거듭나 받은 구원은 결코 상실될 수 없다'고 주장해서는 안 됩니다. 성경은 분명히 구원받은 사람이라 하더라도 분명히 구원을 상실할 수도 있으므로 경각심을 가지고 신중하고도 열심히 믿음생활을 해야 한다고 말씀하고 있습니다.

형제들아 너희는 삼가 혹 너희 중에 누가 믿지 아니하는 악한 마음을 품고 살아 계신 하나님에게서 떨어질까 조심할 것이요 [히 3:12]
그러므로 우리는 두려워할지니 그의 안식에 들어갈 약속이 남아 있을지라도 너희 중에는 혹 이르지 못할 자가 있을까 함이라 [히 4:1]
[참고, 마 24:40-41, 22:11-14, 25:1-12, 26-30]

2) 구원을 상실한 자는 더욱 불행합니다

거듭나 구원을 받는 것도 중요합니다. 하지만 상실한다면 후에 하

5. 예수 재림과 심판

나님의 준엄한 심판대 앞에서 얼마나 애통하고 절통할 일이겠습니까? 성경은 구원을 받은 후에 구원을 상실한다면 차라리 믿지 않은 것이 더 나을 것이라고 했습니다. 그것은 받은 구원을 상실한 정도가 아니라 더 큰 보응과 심판을 받는다는 의미입니다.

> 의의 도를 안 후에 받은 거룩한 명령을 저버리는 것보다 알지 못하는 것이 도리어 그들에게 나으니라 [벧후 2:21]
> 인자는 자기에 대하여 기록된 대로 가거니와 인자를 파는 그 사람에게는 화가 있으리로다 그 사람은 차라리 나지 아니하였더라면 자기에게 좋을 뻔하였느니라 하시니라 [막 14:21]

3) 최종 구원을 위해 더욱 힘써야 합니다

최종 구원이란 영원한 천국에 들어가는 것입니다. 침례를 받을 때 받은 구원은 자격의 구원입니다. 즉 천국 갈 수 있는 자격입니다. 천국행 표를 받은 것이라고 할 수도 있습니다. 이러한 자격과 표를 받은 성도는 그것을 잘 지켜서 최종 구원인 천국에 들어가야 할 것입니다.

> 그러면 거기에 들어갈 자들이 남아 있거니와 복음 전함을 먼저 받은 자들은 순종하지 아니함으로 말미암아 들어가지 못하였으므로. 그러므로 우리가 저 안식에 들어가기를 힘쓸지니 이는 누구든지 저 순종하지 아니하는 본에 빠지지 않게 하려 함이라 [히 4:6,11]

침례 요한의 때부터 지금까지 천국은 침노를 당하나니 침노하는 자는 빼앗느니라 [마 11:12]

4) 어떤 경우 구원이 상실될 수 있습니까?

(1) 예수님에 대한 믿음을 버리면 구원이 상실됩니다

하나님이 세상을 이처럼 사랑하사 독생자를 주셨으니 이는 그를 믿는 자마다 멸망하지 않고 영생을 얻게 하려 하심이라 [요 3:16]

믿는 자마다 멸망치 않고 영생을 얻으리라 했으니 믿지 않으면 또는 믿다가 믿음을 상실하면 영생을 얻지 못한다는 말씀입니다. 설혹 하나님을 믿는다 하더라도 예수님을 믿지 않는다면 구원을 받을 수 없습니다. 하나님께서 인간을 죄에서 구원하기 위해 주신 유일한 길이 바로 예수 그리스도를 믿는 믿음을 통해서 이루시는 방법입니다. 따라서 예수 그리스도에 대한 믿음을 상실하면 아무리 거듭나 구원을 받았다 하더라도 구원을 유지할 수 없습니다.

(2) 참된 교회를 떠나면 구원이 상실됩니다.
교회는 예수님의 몸이요 구원의 방주입니다.

교회는 그의 몸이니 만물 안에서 만물을 충만하게 하시는 이의 충

5. 예수 재림과 심판

만함이니라 [엡 1:23]
나는 참포도나무요 내 아버지는 농부라 사람이 내 안에 거하지 아니하면 가지처럼 밖에 버려져 마르나니 사람들이 그것을 모아다가 불에 던져 사르느니라 [요 15:1, 6]

참된 교회는 예수님의 몸입니다. 예수님은 참 포도나무며 거듭난 성도는 그 몸의 지체인 가지라고 했습니다. 만일 가지가 본체인 예수님의 몸에서 떨어져 나가면 불에 던져질 것이라고 했습니다. 이 말은 성도가 예수님의 몸 된 교회를 떠나면 구원을 상실하게 된다는 것을 말하고 있습니다.

… 방주에서 물로 말미암아 구원을 얻은 자가 몇 명뿐이니 겨우 여덟 명이라 물은 예수 그리스도께서 부활하심으로 말미암아 이제 너희를 구원하는 표니 곧 침례라… [벧전 3:20-21]

노아의 방주는 교회를 예표하고 있습니다. 하나님께서 물로 심판하실 때 방주 안에 들어온 노아의 여덟 식구는 모두 구원을 받았습니다. 따라서 예수님의 몸인 참 교회 안에서 올바른 거듭남을 통하여 구원을 하시고 그 받는 구원을 또한 교회에서 유지해 나갈 수가 있습니다.

(3) 고의적으로 죄를 짓고 그 가운데 머물러 있으면 구원이 상실됩니다

고의적으로 죄를 지으며 죄악 중의 낙을 누리면서 회개치 않으면 하나님은 그 사람의 믿음을 상실하게 할 것입니다(롬1:28). 설혹 믿음을 가졌다 하더라도 이는 변질된 방종주의적인 믿음으로 구원을 받을 수 있는 믿음이 아닙니다. 성경은 이를 죽은 믿음이라고 했습니다(약2:26). 잘못된 행위 자체 때문에 구원을 받지 못하는 것이 아니라 회개가 없는 잘못된 믿음 때문에 구원을 받지 못한 것입니다.

> 불의한 자가 하나님의 나라를 유업으로 받지 못할 줄을 알지 못하느냐 미혹을 받지 말라 음행하는 자나 우상 숭배하는 자나 간음하는 자나 탐색하는 자나 남색하는 자나 도적이나 탐욕을 부리는 자나 술 취하는 자나 모욕하는 자나 속여 빼앗는 자들은 하나님의 나라를 유업으로 받지 못하리라 [고전 6:9-10]

(4) 잘못된 신학사상을 받아들여 믿음이 변질되면 구원이 상실됩니다

신학사상이 믿음의 옳고 그름을 결정합니다. 천주교는 천주교의 믿음과 순종이 있으며, 장로교는 장로교의 믿음과 순종이 있고, 각 교파는 각 교파의 신학사상에 따른 믿음과 순종이 있습니다. 사도시대에는 예수님과 사도들이 가르치고 실천했던 바른 신학사상을 받아들임으로 바른 믿음을 갖게 되고 따라서 바른 순종을 할 수 있게 되어 구원을 받게 된 것입니다. 그런데 후에 다른 신학사상들이 나타나 신도를 미혹하여 다른 믿음과 순종을 갖게 된 것입니다. 바울 사도는 이러한 변질된 신학사상을 다른 복음이라고 했으며 이를 믿고 따르면 구원을 받지 못한다고 했습니다(갈1:7-9, 고전 15:2). 예수님께서도 믿는다고 모두 다 구원을 받는 것이 아니라고 하셨습니다(마 7:21-23). 하나님의 뜻을 바로 이해한 신학사상에 따른 바른 믿음과 순종을 통해서 구원을 받게 되는 것입니다.

> 다른 복음은 없나니 다만 어떤 사람들이 너희를 교란하여 그리스도의 복음을 변하게 하려 함이라 그러나 우리나 혹은 하늘로부터 온 천사라도 우리가 너희에게 전한 복음 외에 다른 복음을 전하면 저주를 받을지어다 우리가 전에 말하였거니와 내가 지금 다시 말하노니 만일 누구든지 너희가 받은 것 외에 다른 복음을 전하면 저주를 받을지어다 [갈 1:7-9]
> 너희가 만일 내가 전한 그 말을 굳게 지키고 헛되이 믿지 아니하였으면 그로 말미암아 구원을 받으리라 [고전 15:2]
> 나더러 주여 주여 하는 자마다 다 천국에 들어갈 것이 아니요 다만 하늘에 계신 내 아버지의 뜻대로 행하는 자라야 들어가리라 그 날에 많은 사람이 나더러 이르되 주여 주여 우리가 주의 이름으로 선지자 노릇 하며 주의 이름으로 귀신을 쫓아 내며 주의 이름으로 많은 권능을 행하지 아니하였나이까 하리니 그 때에 내가 그들에게 밝히 말하되 내가 너희를 도무지 알지 못하니 불법을 행하는 자들

아 내게서 떠나가라 하리라 [마 7:21-23]

2. 믿음을 떠나 방황하는 자의 돌이킴

믿음을 떠나 방황하는 자들이 만일 진정으로 돌이키면 구원을 회복할 수 있습니다. 탕자와 사랑의 아버지의 비유에서 우리는 하나님은 미혹 길에서 방황하고 있는 자들이 다시 돌이켜 하나님의 사랑 안으로 들어오기를 얼마나 간절히 고대하고 계신가를 잘 알 수 있습니다(눅15:11-32).

내 형제들아 너희 중에 미혹되어 진리를 떠난 자를 누가 돌아서게 하면 너희가 알 것은 죄인을 미혹된 길에서 돌아서게 하는 자가 그의 영혼을 사망에서 구원할 것이며 허다한 죄를 덮을 것임이라 [약 5:19-20]

주 여호와의 말씀이니라 내가 어찌 악인이 죽는 것을 조금인들 기뻐하랴 그가 돌이켜 그 길에서 떠나 사는 것을 어찌 기뻐하지 아니하겠느냐 [겔 18:23]

너는 그들에게 말하라 주 여호와의 말씀이니라 나의 삶을 두고 맹세하노니 나는 악인이 죽는 것을 기뻐하지 아니하고 악인이 그의 길에서 돌이켜 떠나 사는 것을 기뻐하노라 이스라엘 족속아 돌이키고 돌이키라 너희 악한 길에서 떠나라 어찌 죽고자 하느냐 하셨

5. 예수 재림과 심판

다 하라 [겔 33:11]

주의 약속은 어떤 이들이 더디다고 생각하는 것 같이 더딘 것이 아니라 오직 주께서는 너희를 대하여 오래 참으사 아무도 멸망하지 아니하고 다 회개하기에 이르기를 원하시느니라 [벧후 3:9]

살아 있는 동안에는 언제나 회개할 기회는 있습니다. 하나님은 믿음을 떠나 방황하는 신도가 다시 돌아오기를 간절히 기다리시는 사랑의 하나님이십니다. 그러나 방황하는 기간이 길고 깊을수록 거기서 빠져나와 회개하고 구원을 회복하기가 쉽지 않습니다. 마귀는 자신의 손아귀에 들어온 신도를 쉽게 다시 돌려보내지 않을 것입니다. 그러므로 항상 자신을 돌아보아 회개하여 하나님께로 돌이켜야 할 것이며, 고귀한 구원을 상실하는 어리석음을 범하는 자가 되어서는 안 될 것입니다.

03

성도가 사탄의 권세에서 하나님의 권세로 회복되어 구원받은 것도 예수 그리스도의 십자가의 은혜요, 영적 에덴인 교회에서 구원이 유지될 수 있는 것도 십자가의 공로로 죄를 용서받았기 때문이며, 선이 선으로 인정되어 영원한 천국에서 상급이 될 수 있는 것도 십자가의 은

> 혜로 죄 사함 받기 때문입니다. 그러므로 성도는 자기의 공로를 자랑할 것이 아무것도 없고 오직 인간에게 구원을 주신 하나님의 은혜와 예수 그리스도의 십자가만을 높이고 자랑해야 되는 것입니다

1. 모든 것은 은혜로 된 것임을 고백해야 합니다

1) 택함을 받은 것이 하나님의 은혜입니다

그 기쁘신 뜻대로 우리를 예정하사 예수 그리스도로 말미암아 자기의 아들들이 되게 하셨으니 이는 그가 사랑하시는 자 안에서 우리에게 거저 주시는 바 그의 은혜의 영광을 찬송하게 하려는 것이라

[엡 1:5-6]

어떤 부자 신사가 비참한 고아원에 와서 수많은 고아 중에서 한 아이를 선택하여 데려다 양자를 삼았다면 이 신사는 불의합니까? 아닙니다. 단 한 사람만 데려다가 양자를 삼았다 하더라도 그분은 사랑과 자비가 있는 것이요 양자가 된 고아는 은혜를 입은 것입니다.

이와 같이 하나님께서 죄로 인해 영원한 지옥에 들어갈 수밖에 없는 모든 인간 중에서 나를 택하여 구원해 주신 것을 생각하면 너무 감사한 일입니다. 이것은 불공평한 것이 아니라 하나님의 절대적인

사랑이며 은혜입니다.

2) 구원을 얻은 것이 하나님의 은혜입니다

성도가 예수 그리스도를 믿고 거듭나 구원을 받은 것은 전적으로 하나님의 은혜입니다. 구원은 인간의 공로가 절대 개입될 수 없는 하나님의 선물입니다.

너희는 그 은혜에 의하여 믿음으로 말미암아 구원을 받았으니 이것은 너희에게서 난 것이 아니요 하나님의 선물이라 행위에서 난 것이 아니니 이는 누구든지 자랑하지 못하게 함이라 [엡 2:8-9]

3) 구원의 유지가 하나님의 은혜입니다

거듭나 구원을 받은 후 만일 다시 행위로 구원을 완성해야 한다면 또다시 절망할 수밖에 없습니다. 그렇다면 누구도 그 구원을 유지하여 천국에 들어갈 수 없습니다. 그러나 이 구원의 유지도 오직 예수 그리스도의 십자가를 믿는 믿음과 죄 용서함의 은혜에 기초해서 유지될 수 있습니다. 절대적인 하나님의 은혜입니다.

4) 충성할 수 있는 것도 은혜입니다

내가 아무리 주님을 위해서 충성을 많이 했다 하더라도 그것은 자랑할 일이 아닙니다. 만일 충성을 하고 자랑을 하거나 마음속으로라도 자랑하려는 의도가 있다면 이는 회개해야 할 것입니다. 만일 회개하지 아니하면 충성이 충성으로 인정되지 못하고 도리어 책망을 받을 수도 있습니다(마 6:1-4). 따라서 바울 사도의 고백처럼 충성하는 것도 하나님의 은혜로 된 것임을 철저히 고백해야 합니다.

> 그러나 내가 나 된 것은 하나님의 은혜로 된 것이니 내게 주신 그의 은혜가 헛되지 아니하여 내가 모든 사도보다 더 많이 수고하였으나 내가 한 것이 아니요 오직 나와 함께 하신 하나님의 은혜로라
> [고전 15:10]

5) 선행과 충성이 상급으로 인정되는 것이 은혜입니다

아무리 많은 선행과 충성을 했다 하더라도 죄에 대한 용서가 없다면 상급과는 아무런 상관이 없습니다. 죄가 용서될 때 비로소 행위가 상급으로 인정을 받을 수 있습니다. 천국에서 성도의 행위가 상급으로 인정되는 것도 오직 예수 그리스도의 십자가의 은혜 때문입니다. 그러므로 십자가의 은혜에 대한 더 깊은 깨달음에서 오는 감격과 감사에 근거해서 선행과 충성을 할 때, 이것이 가장 순수한 것이며 하나님이 기뻐하시는 것이며 천국에서 가장 크게 인정해 주시는 알곡 충성이 되는 것입니다.

2. 예수 그리스도의 십자가를 높이고 자랑해야 합니다

예수 그리스도의 십자가는 모든 은혜와 영광과 덕이 집약된 곳입니다. 십자가의 은혜가 있기 때문에 하나님과 화목 되었고 구원받았고, 하나님의 모든 은혜와 축복을 누릴 수 있게 되었습니다. 십자가의 은혜가 있기 때문에 나의 모든 충성과 삶이 의미가 있습니다. 십자가의 은혜가 없었다면 나는 하나님과 원수가 되었을 것이며, 지옥에 갈 인생은 허무와 절망과 저주밖에는 없습니다. 십자가의 은혜로 구원을 받아 하나님의 모든 영광을 누릴 수 있게 되었기 때문에 오직 예수 그리스도의 십자가만을 자랑하고 높여야 합니다.

> 십자가의 도가 멸망하는 자들에게는 미련한 것이요 구원을 받는 우리에게는 하나님의 능력이라 [고전 1:18]
> 그러나 내게는 우리 주 예수 그리스도의 십자가 외에 결코 자랑할 것이 없으니 그리스도로 말미암아 세상이 나를 대하여 십자가에 못 박히고 내가 또한 세상을 대하여 그러하니라 [갈 6:14]
> 내가 너희 중에서 예수 그리스도와 그가 십자가에 못 박히신 것 외에는 아무 것도 알지 아니하기로 작정하였음이라 [고전 2:2]
> 이에 예수께서 제자들에게 이르시되 누구든지 나를 따라오려거든 자기를 부인하고 자기 십자가를 지고 나를 따를 것이니라 [마 16:24]

3. 죽도록 충성하되 이렇게 고백해야 한다고 예수님께서 가르쳐 주셨습니다

1) 죽도록 충성해야 합니다

너는 장차 받을 고난을 두려워하지 말라 볼지어다 마귀가 장차 너희 가운데에서 몇 사람을 옥에 던져 시험을 받게 하리니 너희가 십 일 동안 환난을 받으리라 네가 죽도록 충성하라 그리하면 내가 생명의 관을 네게 주리라 [계 2:10]

여기서 『죽도록 충성하라』라는 말은 죽음까지라도 감수하는 순교자적 용기를 가지고 충성하라는 뜻과, 시간적으로 죽는 순간까지 충성하라는 의미가 있습니다.

하나님의 은혜로 자신이 구원을 받은 사실을 확실히 아는 사람은 그 은혜가 너무 감사해서 하나님께 충성하지 않을 수 없습니다. 만일 어떤 신도가 자신이 구원받은 사실을 알았다고 하면서 감격과 감사와 기쁨도 없고 또 충성도 없다면, 그는 단지 종교생활을 하고 있는 것이지 하나님을 기쁘시게 하는 참된 믿음생활을 하고 있는 것이 아닐 가능성이 많습니다. 그러한 신도의 구원은 보장을 할 수가 없으며 하나님 앞에 가서 하나님의 자비를 기다리는 수밖에는 없는 것입니다. 구원이 불투명하다는 말입니다.

그러나 구원의 확증을 얻은 성도들은 감사와 감격과 기쁨에서 나오는 충성된 믿음생활을 할 수밖에 없으며 이러한 성도는 반드시 구원을 받을 수가 있는 것입니다. 즉 믿음의 행위 때문에 구원을 받은 것이 아니라 올바른 구원의 지식을 통하여 올바른 믿음을 가졌기 때문에 구원을 받는 것이며 올바른 순종과 충성은 자신이 구원받은 것을 깨달은 결과로서 나오는 것입니다.

2) 죽도록 충성하는 성도는 이렇게 고백해야 합니다

> 이와 같이 너희도 명령 받은 것을 다 행한 후에 이르기를 우리는 무익한 종이라 우리가 하여야 할 일을 한 것뿐이라 할지니라
> [눅 17:10]

구원받았음을 깨닫고 하나님과 예수 그리스도의 은혜와 사랑을 진실로 알게 된 성도는 감사와 기쁨으로 기꺼이 하나님과 교회에 충성하지 않을 수 없습니다. 설혹 죽도록 충성을 했다 하더라도 결코 자신의 공로를 자랑하지 않고 모든 영광을 하나님께 돌리게 될 것입니다. 또한 자신의 공로를 교회에서 알아주지 않는다 하더라도 낙심하거나 원망하지 않고 최선을 다해 충성을 다할 것입니다. 더 나아가 자신의 무익함을 고백하고 참된 겸손의 모습을 나타낼 것입니다.